全国基层文化队伍培训教材
QUANGUO JICENG WENHUA DUIWU PEIXUN JIAOCAI

公共图书馆系列

U0573797

GONGGONG TUSHUGUAN
DUZHE FUWU ANLI

公共图书馆读者服务案例

吴　晞　肖容梅◎著

北京师范大学出版集团
BEIJING NORMAL UNIVERSITY PUBLISHING GROUP
北京师范大学出版社

图书在版编目（CIP）数据

公共图书馆读者服务案例 / 吴晞，肖容梅著. —北京：北京师范大学出版社，2013.3
（全国基层文化队伍培训教材）
ISBN 978-7-303-15605-4

Ⅰ.①公… Ⅱ.①吴…②肖… Ⅲ.①公共图书馆-读者服务-案例-业务培训-教材 Ⅳ.①G252

中国版本图书馆CIP数据核字（2012）第 261805 号

营 销 中 心 电 话	010-58802181 58805532
北师大出版社高等教育分社网	http://gaojiao.bnup.com.cn
电 子 信 箱	beishida168@126.com

出版发行：北京师范大学出版社 www.bnup.com.cn
　　　　　北京新街口外大街 19 号
　　　　　邮政编码：100875
印　　刷：北京中印联印务有限公司
经　　销：全国新华书店
开　　本：170 mm × 230 mm
印　　张：15.5
字　　数：190 千字
版　　次：2013 年 3 月第 1 版
印　　次：2013 年 3 月第 1 次印刷
定　　价：34.00 元

策划编辑：马洪立		责任编辑：李洪波	
美术编辑：毛 佳		装帧设计：毛 佳	
责任校对：李 菡		责任印制：孙文凯	

全国基层文化队伍培训教材

公共图书馆系列编委会

主　编：李国新

编　委：（以姓氏笔画为序）

于良芝　吴　晞　张广钦　李东来

李超平　杨玉麟　邱冠华　屈义华

范并思　金武刚

作者简介

吴晞，深圳市图书情报学会理事长，公共图书馆研究院执行院长，中国图书馆学会常务理事、阅读推广委员会主任，《公共图书馆》杂志主编，研究馆员。

肖容梅，深圳图书馆副研究馆员，公共图书馆研究院副秘书长，法学硕士。研究兴趣包括公共图书馆法、公共图书馆管理与服务等。

序　言

　　推动社会主义文化大发展大繁荣，队伍是基础，人才是关键。2007 年中央"两办"发布的《关于加强公共文化服务体系建设的若干意见》中，就对加强公共文化服务人才队伍建设作出了部署，明确提出了提高公共文化服务人才队伍思想素质和工作能力的要求。2010 年《国家中长期人才发展规划纲要（2010—2020 年）》发布之后，文化部专门部署了开展全国基层文化人才队伍培训的工作。党的十七届六中全会通过的《关于深化文化体制改革，推动社会主义文化大发展大繁荣若干重大问题的决定》，提出基层文化人才队伍是文化改革发展的基础力量的论断，要求制定实施基层文化人才队伍建设规划，完善机构编制、学习培训、待遇保障等方面的政策措施。《国家"十二五"时期文化改革发展规划纲要》对加强基层文化队伍建设、完善文化人才培训机制作出了具体部署。建设一支德才兼备、锐意创新、规模宏大、结构合理的基层文化人才队伍，成为新时期公共文化服务体系建设的重要任务。

　　2010 年 9 月，为落实《国家中长期人才发展规划纲要（2010—2020 年）》，文化部发布了《关于开展全国基层文化队伍培训工作的意见》，主要任务是用五年时间，对全国现有约 24 万县乡专职文化队伍和 360 多万业余文化队伍进行系统培训，促使基层公共文化队伍素质显著提高，服务能力明显增强。为此要求建立健全基层文化队伍培训工作体制和机制，建立分级负责、分类实施的培训组织体系，其中文化部负责指导各地培训、组织编写教学纲要、建设远程培训平台、培养省级师资、举办示范性培训等工作。

　　按照文化部的统一安排，组织编写教学纲要和教材这一任务，由国家公共文化服务体系建设专家委员会负责实施。

　　专家委员会在广泛征求意见、充分讨论研究的基础上，形成了培训教材编写的整体方案：教材的内容规划为"公共文化服务通论系列"、"公共图书馆系列"、"文化馆（站）系列"三大系列；教材的形式设计为培训大纲性质的教学指导纲要和系统化的教材并举，为应培训之急需，先行编写出版公共图书馆系列和文化馆（站）系列的教学指导纲要；纲要和教材的编者在全国范围内遴选一流的专家学者和富有经验的实际工作者。2012年年初，先行组织编写的《公共图书馆业务培训指导纲要》和《文化馆（站）业务培训指导纲要》由北京师范大学出版社出版，文化部免费配送至全国县以上文、图两馆及相关部门。现在呈现在读者面前的，就是在指导纲要基础上编写的系统化教材。按照计划，三大系列共17部系统化教材在2012年年内全部出齐。

　　就公共图书馆系列的教材而言，由于图书馆学在大学里有专业，所以"学院派"的专业教材数量并不少，但是，专门面向基层公共图书馆从业人员在职学习、岗位培训的适用教材却比较缺乏。这类不是着眼于大学专业教学，而是着眼于提高基层从业人员职业素养和业务能力的教材应该体现出什么样的特点？经过反复研究讨论，我们达成了两大共识。首先是面向实践。内容设计以我国公共图书馆服务的现实需求为牵引，以提升从业人员的职业素养和业务能力为目标，以"学得会、用得上、有实效"为检验标准，注重总结、提炼、升华实践中成功的做法、经验和案例，适应启发式、案例式、研讨式教学的需要。其次是统筹兼顾。具体说就是统筹兼顾地处理好几个关系：体系科学性、内容基本性与实践导向性的关系；观念阐述、政策解读、规律概括与服务能力提升的关系；注重应知应会、方法技能与体现学科体系、专业素养的关系。

　　"面向实践、统筹兼顾"的共识能否真正落实到教材的内容中去，关键在"人"——编写人员。2006年以来在中国图书馆学会、国家图书馆和全国文化信息资源建设管理中心的主持下，图书馆界连续5年以"志愿者行动"形式开展"基层公共图书馆馆长培训"，初步构建起了一个针对基层公共图书馆的业务培训内容体系；凝聚起了一支高水平的专家队伍，并且经历了遍及全国25个省市自治区、累计面对3000多位基层公共图书馆馆长和业务骨干讲授的实际历练。这些都为这次编写指导纲要和教材奠定了坚实基础。参加公共图书馆系列培训指导纲要和教材编写的专家，许多人参与过图书馆界的"志愿者行动"，所以他们对基层文化工作者的需要并不陌生。在实际编写过程中，我们强调每一部分的编写人员尽量做到高水平的专家教授和经验丰富的馆长、实际工作者相结合，从而为编写过程中教授和馆长的交流、观念和视野的碰撞、知识和案例的互补创造了条件，为内容上理论和实践的紧密结合奠定了基础。

　　教材不是个人专著，因此编写组通过研讨、交流乃至碰撞、争鸣而形成共识就显得尤为重要。这套教材在编写过程中，不论是大牌教授还是知名馆长，都表现出了令人敬佩的高度重视、严肃认真、团队合作、学术包容态度和精神。每本教材的主持人都组织编写人员进行了多种形式的研讨交流，从内容划分到框架体系，从章节要点到附属材料，都经过了编写团队的反复研讨打磨。三大系列所有编写人员参加的研讨会先后召开了4次。2011年年底公共图书馆系列和文化馆（站）系列培训指导纲要预印本印出后，分别在南京图书馆和宁波文化馆召开了有省、地、县各级公共文化服务机构代表参加的征求意见会。可以说，目前形成的教材，不仅凝聚着全体编写人员的心血，同时也包含着众多业界同仁的智慧。尽管如此，我知道问题和不足肯定还存在。欢迎使用这套教材的各级文化部门和基层文化工作者提出修改意见和建议，我们将在今后适当的时候作必要的修订。

　　推出这样一套教材，仅有编写人员的努力还不够，还应该感谢中国文化传媒集团公共文化发展中心为编写工作提供的有力保障；感谢北京师范大学副校长杨耕教授，北京师范大学出版集团叶子总编辑和李艳辉副总编辑，高教分社原副社长江燕老师，以及各位责任编辑，他（她）们为教材的出版把了最后一道关口，付出了心血和努力。

由于在国家公共文化服务体系建设专家委员会的工作关系，我本人承担了这套教材编写的组织工作，并且出任公共图书馆系列指导纲要和教材的主编。在教材出版之际，把这套教材的编写缘起和过程记录如上，算是对这项工作的一个小结，也算是为这套教材的诞生留下一点历史记录。

李国新

前　言

在研究讨论全国公共图书馆队伍培训教材编写之初，大家就一致认为应该有一本案例汇编与教材相配套，既可以配合教学，也可作为公共图书馆实际工作的参考。于是就有了这本《公共图书馆读者服务案例》。

直到着手编撰此书时，才意识到并非想象的那样简单轻松。编撰工作历时两年，数易其稿，前后动员了十多位专业工作者共襄其事。最后成书，涉及理论创新与实践、服务模式与管理机制、参考与借阅服务、阅读活动与宣传推广、数字服务、新技术在服务中的应用、未成年人服务、残疾人服务、读者服务中的知识产权九个方面，分门别类选取了国内外六十余个真实的公共图书馆读者服务案例。

有关国内外公共图书馆读者服务的案例，林林总总，涉及面很广，内容也十分庞杂。我们最后确定的遴选原则是：以国内图书馆为主，兼顾国外图书馆；以公共图书馆为主，兼及其他类型的图书馆；注重案例的先进性、创新性，但也不以成败论英雄，以具有典型意义、能够说明问题为主要出发点；适当增加基层、中西部地区案例。需要说明的是，案例入选与否，评价如何，只能代表本书编撰者的观点和立场，与官方认定无关，也与案例本身的价值高低无关。

关于本书的风格，我们的旨趣是"讲故事"，从小事例看大道理，不追求高头讲章式的系统论述，以期与其他教材有所区别。换言之，本书意在和公共图书馆馆员们共同分享同行的故事，以小见大，从中感悟从业乐趣和个中规律。所以，本书中多数案例都会从一个故事讲起，标题采取主副标题的形式，以增加可读性。每个案例的结构基本统一，分为正文、分析点评、资料来源三个部分。少数案例可能以某个案例为主，引申到同类案例，以丰富内容，扩大视野。

本书在编撰过程中得到全国公共图书馆培训教材编写组负责人李国新教授的指导和帮助，以及编写组各位方家的多次指正赐教，舍此，则本书难以问世。对此，我们怀有由衷的谢意。

本书各章分工如下：第一章，吴晞、魏建华、潘艳桃；第二章，梁奋东、王冬阳；第三章，余胜；第四章，窦英杰、高小军、王金花；第五章，王艳；第六章，肖卫东、陈晓华；第七章，冯睿；第八章，张桦；第九章，冉文革、肖容梅。

全书的统筹、编排及统稿工作，主要由肖容梅完成。书中倘有值得圈点之处，应该是肖容梅和所有编撰者专业水准和辛勤付出的结果。当然，对于本书的文责，我还是要承担最后的责任。峀此说明，并序。

吴　晞

2012 年 9 月 5 日于鹏城喧喧轩

目　录

第一章　理论创新与实践

公共图书馆读者服务需要理论的引导，优质的服务往往离不开先进的思想指引和理念支撑。本章中，选取《公共图书馆宣言》文本为案例，从国际范围内阐明公共图书馆需遵循的使命与职责；《图书馆服务宣言》，标志着我国图书馆服务与世界主流观念基本接轨，既是我国图书馆界几代人的心愿，也是当代图书馆人对社会的郑重承诺；梁启超先生案例，以人物及其影响为对象，追忆了中国公共图书馆的起源与发端；杭州图书馆的"乞丐风波"以及英国的"体味事件"，探讨了如何在实际工作中面对、处理平等服务；"用户永远是正确的"学术大讨论，探究了"读者第一、读者至上"如何变成日常的行为操守和工作习惯；卡内基先生被尊为"图书馆恩主"，对美国乃至全世界公共图书馆的发展影响深远，他的免费思想深入人心。图书馆的服务理论并不高深，"开放、平等、免费"是其核心思想和基本原则。

一、国际图书馆界的宪章——《公共图书馆宣言》的普世价值及其指导意义

图书馆历史悠久，源远流长，可以说自人类文明肇始之日起就有了各种形态的图书馆，并产生了有关图书馆的观念、学问和技术。然而，现代意义上的公共图书馆却是近现代社会的产物。

当今学界普遍认为现代公共图书馆产生于 19 世纪中叶的西方社会，以 1852 年英国曼彻斯特公共图书馆成立为标志。从历史上看，公共图书馆是社会发展到一定阶段的产物，是社会民主、公民权利和社会平等现代人文意识成熟的结果。19 世纪中期的英国首先具备了这样的社会条件。当时英国一位名叫爱德华兹的图书

馆员，被后世称为现代公共图书馆理论的奠基人和实践者。爱德华兹出身贫苦，自学读书成才，做过大英博物馆和图书馆的编目员，以毕生之力，为倡导和实现公共图书馆的理想而奋斗。在他的努力下，英国下议院于 1850 年通过了一个法案，授权地方议会为免费图书馆征税，这就是人们常说的世界第一部公共图书馆法。曼彻斯特公共图书馆就是依照此法率先建立的，爱德华兹出任了首任馆长。

曼彻斯特公共图书馆的诞生，当时并不是轰动一时的事件，除了大文豪狄更斯参加了曼彻斯特公共图书馆开幕式并做了演讲外，并没有多少引人注目的地方。但是爱德华兹和曼彻斯特公共图书馆为后世留下了有关公共图书馆的基本精神和制度：依据政府立法建立，公费支持，免费服务以及社会成员无区别服务。这些理念堪称经典，为之后各国公共图书馆的建立以及《公共图书馆宣言》的产生，奠定了基本的精神基础。

在曼彻斯特公共图书馆问世之后，即 19 世纪后期至 20 世纪初期，欧美各国公共图书馆迅速兴起。这一时期，仅美国钢铁大王安德鲁·卡内基就在美国、加拿大、英国捐办了 2 500 余座公共图书馆，揭开了西方尤其是美国公共图书馆发展史上极为波澜壮阔的一幕。中国的公共图书馆也是在此时起步和发展的。从此，新兴的公共图书馆逐渐成为数量最多、藏书最丰富、服务面最广、影响最为广泛的图书馆体系，并成为社会图书馆事业的主流和支柱。我们如今所讲的现代图书馆的理论、观念和宗旨等，也首先是针对公共图书馆而言的，是由公共图书馆而发、针对公共图书馆而行的。

《公共图书馆宣言》就是在这样的历史形势下应运而生的。继爱德华兹之后，诸多知名图书馆学家和图书馆专业工作者，如杜威、普勒、谢拉等，均对公共图书馆的理论和制度做出过深入阐述，美国图书馆协会也发布了《图书馆员伦理条例》(1929)和《图书馆权利宣言》(1939)，使得公共图书馆的理念日渐深入人心，成为普世的价值观。1948年，联合国大会通过并颁布了著名的《世界人权宣言》，其中关于人人享有信息自由权利的主张，直接催生了《公共图书馆宣言》。

1949年，联合国教科文组织通过了《公共图书馆宣言》，正式表达了世界文化知识界和图书馆界对公共图书馆的基本立场。概括起来，1949年版的《公共图书馆宣言》重点向世人阐明了三个观念：其一，公共图书馆是现代民主政治的产物，也是民主制度的保障和民主信念的典范；其二，要立法保障公共图书馆事业发展，完全或主要由公费支持；其三，对社区所有成员实行平等的服务，全部免费开放。

《公共图书馆宣言》在1972年和1994年又做了两次修订，内容虽然有所补充，但其主要精神是一以贯之的。现在通行的即为1994年版，其正式名称为"国际图联/联合国教科文组织：公共图书馆宣言(1994)"[IFLA/UNESCO ：Public Library Manifesto (1994)]。其背景是，1991年国际图联(IFLA)在莫斯科年会上决定修订《公共图书馆宣言》，由IFLA下属的公共图书馆委员会负责起草，1994年联合国教科文组织通过了IFLA提出的修改方案，并注明"此宣言与IFLA合作制定"。

国际图联/联合国教科文组织

公共图书馆宣言(1994)

社会和个人的自由、繁荣与发展是基本的人类价值。只有充分知情的公民具备了行使民主权利和发挥积极作用的能力，这些价值才能得以实现。公民对民主的建设性参与及民主的发展，依赖于良好的教育以及对知识、思想、文化和信息自由且不受限制的利用。

公共图书馆是其所在地区的知识入口，为个人和社会团体的终身学习、独立决策和文化发展提供基本条件。

本宣言宣告：联合国教科文组织坚信公共图书馆是

教育、文化和信息的有生力量，是孕育人类内心和平与精神财富的重要机构。

联合国教科文组织因此鼓励国家和地方政府支持并积极参与公共图书馆的发展。

公共图书馆

公共图书馆是所在地区的信息中心，为用户提供便于获取的各种知识和信息。

公共图书馆的服务以平等利用为基础，不分年龄、种族、性别、宗教信仰、国籍、语言或社会地位，向所有的人提供。公共图书馆须为那些因任何原因不能利用常规服务和资料的用户，如小语种民族、伤残人员、住院人员或被监禁人员，提供特殊的服务和资料。

所有年龄的群体都能找到与其需要相关的资料。除传统资料外，还应包括各种适当载体和现代技术的馆藏服务。高品质、适合当地需求和条件是基本的要求。资料必须既反映社会的当前趋势和进展方向，又保留人类奋斗和想象的历史记忆。

馆藏和服务不应屈服于任何形式的出于意识形态、政治主张或宗教信仰的审查制度，也不应屈服于商业压力。

公共图书馆的使命

以下重要使命与信息、读写能力、教育和文化相关，是公共图书馆服务的核心：

1. 从小培养和加强儿童的阅读习惯；

2. 既支持各级正规教育，又支持个人教育和自学教育；

3. 提供个人创造性发展的机会；

4. 激发儿童和青年的想象力和创造力；

5. 加强文化遗产意识，提高对艺术、科学成就和创新的鉴赏力；

6. 提供各种表演艺术和文化展示的途径；

7. 促进跨文化的对话，鼓励文化的多样性；

8. 支持口述传统；

9. 保证民众获取各种社区信息；

10. 为地方企业、协会和利益团体提供充足的信息服务；

11. 推动信息能力和计算机素养技能的发展；

12. 支持和参与针对不同年龄层展开的读写能力培养和计划，必要时主动发起此类活动。

经费、立法和网络

公共图书馆应遵循免费原则。建立和维护公共图书馆是地方和国家当局的责任。公共图书馆必须受到专门立法的支持，必须由国家和地方政府提供经费。公共图书馆应该是所有文化、信息提供、读写能力培养和教育相关长期战略的重要组成部分。

为确保全国范围的图书馆协调与合作，立法和战略规划必须定义并推动一个基于公认服务标准的国家图书馆网建设。

公共图书馆网的设计必须对其国家图书馆、地区图书馆、研究图书馆和专业图书馆，以及大中小学图书馆的关系加以考虑。

运作和管理

必须阐明清晰的政策，以定义与社区需求相关的目标、优先权和服务。必须有效地组织公共图书馆并保持运作的专业水准。

必须确保与诸如地方、区域、全国以及国际用户团体和其他专业人员等相关伙伴的服务。

公共图书馆服务必须能为社区所有成员所确实利用。这需要有选址合理的馆舍、良好的阅读和研究设施，以及相应的技术和方便用户的开馆时间。同时还要为不能到馆的读者提供馆外服务。

图书馆服务必须适应农村和城市社区的不同需求。

图书馆员是图书馆用户和馆藏资源之间的能动中介。为保证充分的服务，图书馆员的专业教育和继续教育必不可少。

必须提供馆外服务和用户教育计划，以帮助用户从所有资源中获益。

宣言实施

联合国教科文组织特此强烈要求世界各个国家和地方的决策者、全球图书馆界实施本宣言中所阐述的各项原则。

此宣言与国际图书馆协会和机构联合会(IFLA)合作制定。

（译文据"【资料来源】3"做了部分订正）

《公共图书馆宣言》既是有关公共图书馆思想理论的集大成者，又是指导公共图书馆建设的利器。自问世以来，其对世界各国公共图书馆的发展起到了重大的推动和指导作用。1996年国际图联(IFLA)第62届大会在北京召开之后，《公共图书馆宣言》开始为国内业界所认识，并广为传播。进入21世纪后，我国图书馆业内的理论研究者对《公共图书馆宣言》给予了极大的关注，撰写了大量的研究介绍文章。一些地方的公共图书馆及其管理部门也突破桎梏，勇于践行，有力地推动了全国公共图书馆的建设和改革。在许多重大问题上，如唤醒民众的图书馆权利意识、倡导公共图书馆的基本精神、明确各级政府对公共图书馆的责任等，近年来均取得了突破性进展。诸多理念，如公益、均等、免费等，已经由学界的呼吁和部分公共图书馆的实践转化成为国家政策。《公共图书馆宣言》的研究和实践，是我国图书馆界经久不衰的思想热点和工作焦点，至今方兴未艾。

【分析点评】

《公共图书馆宣言》是当代图书馆发展史上最为重要的经典权威文献。它明确了公共图书馆的社会功能，明确了公共图书馆的职业使命，明确了公共图书馆的服务理念，明确了国家和地方政府依法设置公共图书馆并提供经费保障、公共图书馆免费提供服务的原则。这些理念与原则，以宣言的形式固定下来，被认为是全世界公共图书馆的"宪章"。遍及世界的公共图书馆潮流，造就了《公共图书馆宣言》；而《公共图书馆宣言》又为世界范围内公共图书馆的发展指明了方向，奠定了理论基础。

公共图书馆虽然已经历经了 160 年的历史，《公共图书馆宣言》也已问世半个多世纪，但对有关公共图书馆精神和制度的探讨却远未完结，其生命力正盛，发展势头方兴未艾。这个长达一个半世纪的思想理论案例，今后还将会发展和演变，并继续推动公共图书馆事业的进步。

【资料来源】

1. 范并思. 图书馆学理论变革：观念与思潮（当代中国图书馆学研究文库第 1 辑）[M]. 北京：北京图书馆出版社，2007.

2. 吴晞. 天下之公器（当代中国图书馆学研究文库第 3 辑）[M]. 北京：国家图书馆出版社，2010.

3. 程焕文，张靖. 图书馆权利与道德[M]. 南宁：广西师范大学出版社，2007.

二、中国图书馆人的行业自觉——《图书馆服务宣言》的发布及其影响

《图书馆服务宣言》是中国图书馆界在 21 世纪自觉和国际接轨，向全社会庄严宣示现代图书馆基本理念和服务原则的首个行业宣言。

进入 21 世纪以来，中国的图书馆事业获得了举世瞩目的长足发展，迫切需要理论观念上的总结和指引。2006 年 12 月，中国图书馆学会在苏州召开"2007 新年峰会"，宣布启动中国图书馆学会《图书馆服务宣言》的制定。2007 年 3 月，中国图书馆学会正式启动并资助"中国图书馆的核心价值与《图书馆服务宣言》研究"课题，范并思和倪晓建担任课题负责人。2007 年 6 月，第一稿《图书馆服务宣言》推出，征求意见并修改。2007 年 8 月，《图书馆服务宣言（草案）》在兰州召开的中国图书馆学会年会上宣读，并举办"《图书馆服务宣言》大家谈"分会场讨论。2007 年 11 月，中国图书馆学会在江苏常熟召开第二届百县馆长论坛，在天津召开全国图书馆学会工作会议，期间就《图书馆服务宣言》征求专家、学者和基层图书馆工作者的意见并进行修改。2008 年 3 月，中国图书馆学会七届六次常务理事会表决同意将《图书馆服务宣言》提交理事会讨论。2008 年 3 月，中国图书馆学会七届四次理事会原则通过《图书馆服务宣言》。2008 年 4 月，《图书馆服务宣言》定稿。2008 年 10 月，《图书馆服务宣言》在重庆召开的中国图书馆学会年会上正式发布。

图书馆服务宣言

图书馆是通向知识之门，它通过系统收集、保存与组织文献信息，实现传播知识、传承文明的社会功能。现代图书馆秉承对全社会开放的理念，承担实现和保障公民文化权利、缩小社会信息鸿沟的使命。中国图书馆

人经过不懈的追求与努力，逐步确立了对社会普遍开放、平等服务、以人为本的基本原则。我们的目标是：

1. 图书馆是一个开放的知识与信息中心。图书馆以公益性服务为基本原则，以实现和保障公民基本阅读权利为天职，以读者需求为一切工作的出发点。

2. 图书馆向读者提供平等服务。各级各类图书馆共同构成图书馆体系，保障全体社会成员普遍均等地享有图书馆服务。

3. 图书馆在服务与管理中体现人文关怀。图书馆致力于消除弱势群体利用图书馆的困难，为全体读者提供人性化、便利化的服务。

4. 图书馆提供优质、高效、专业的服务。图书馆充分利用现代信息技术，提高数字资源提供能力和使用效率，以服务创新应对信息时代的挑战。

5. 图书馆开展信息资源共建共享。各地区、各类型图书馆加强协调与合作，促进全社会信息资源的有效利用。

6. 图书馆努力促进全民阅读。图书馆为公民终身学习提供保障，促进学习型社会的建设。

7. 图书馆与一切关心图书馆事业的组织和个人真诚合作。图书馆欢迎社会各界通过资助、捐赠、媒体宣传、志愿者活动等各种方式，参与图书馆建设。

中国图书馆学会
2008 年 10 月发布

《图书馆服务宣言》从启动起草到定稿历经了 16 个多月的时间，这一过程再现了中国图书馆人重建现代图书馆理念的艰苦努力。过去 50 年间，国际图书馆协会和机构联合会（IFLA）和一些发达国家发布并修改了《公共图书馆宣言》、《图书馆权利宣言》等众多表达现代图书馆理念的文件，国际图书馆学界也致力于研究与宣传图书馆核心价值体系的成果，形成众多的理论积淀。更为重要的是，进入 21 世纪以来，中国图书馆人以空前的热情对现代图书馆理念进行的讨论、研究、传播与实践，强化读者权利、平等服务和人文关怀的意识，为《图书馆服务宣言》的产生奠定了坚实的理论基础。杭州、深圳等一大批公共图书馆及全国许多高校图书馆实施的符合现代图书馆理念的管理运作，为《图书馆服务宣言》的产生奠定了实践基础。

《图书馆服务宣言》是我国图书馆界与国际图书馆界在现代图书馆服务理念上的一次接轨。19 世纪下半叶以来，欧美国家图书馆"服务第一"、"公益性服务"、"免费服务"、"开放服务"、"平等服务"、"人性化服务"、"知识自由"、"维护读者隐私"、"保护读者权益"等理念不断深入人心，图书馆也因此一直赢得人们的赞扬、肯定，获得社会普遍支持。从我国的现实情况来看，特别是自 20 世纪 80 年代以来，由于受市场经济的影响，图书馆公益性削弱或模糊，一些图书馆实行服务收费，造成新的服务不平等，图书馆在读者心目中的形象受损，图书馆的整体吸引力降低，社会地位下降，图书馆的发展也受到阻碍。因此，恢复图书馆的良好形象，吸引广大读者重新成为图书馆工作的重要任务。同时，中国图书馆事业需要学习和吸收国外图书馆的先进技术与经验，在理念、原则、方法、制度上与国际接轨。我国作为联合国教科文组织与国际图联的成员国，应该贯彻执行《国际图联/联合国教科文组织公共图书馆宣言》、《国际图联/联合国教科文组织中小学图书馆宣言》等文件中的理念、原则和要求。中国图书馆学会主持制定的《图书馆服务宣言》体现了这些理念、原则和要求，可以说是恰逢其时的。

【分析点评】

《图书馆服务宣言》于 2008 年 10 月由中国图书馆学会正式发布，是当代中国图书馆界的一个重要文件，是中国图书馆界的第一个行业宣言，是全体图书馆员向全社会的庄严承诺，标志着中国图书馆界步入了行业自觉的新时代。这个宣言是我国首次向社会宣示现代图书馆基本理念和服务原则的公告，也是我国图书馆行业首次对服务行为提出职业道德自律要求的公约；体现了公益精神、平等理念和人文关怀；承诺优质高效专业的信息服务；倡导业界信息资源的共建共享；以建设学习型社会为己任，促进全民阅读；鼓励志愿活动和社会资助。因此，文件具有重要的里程碑意义。

【资料来源】

1. 吴建中，胡越，黄宗忠.《图书馆服务宣言》专家笔谈[J]. 中国图书馆学报，2008(6).

2. 范并思，等. 践行《图书馆服务宣言》，推动图书馆事业发展[N]. 中国文化报，2009-01-04.

3. 范并思. 现代图书馆理念的艰难重建——写在《图书馆服务宣言》发布之际[J]. 中国图书馆学报，2008(6).

4. 李超平. 中国公共图书馆核心价值观的形成与演变[J]. 中国图书馆学报，2008(6).

三、打开藏书楼大门的人——梁启超与中国公共图书馆的发端

近代史上著名的启蒙思想家和政治活动家梁启超一生涉猎领域颇多，其中一项就是对中国近代图书馆事业所作出的贡献。图书馆活动贯穿了他的一生，他不但对中国近代图书馆的形成、中

国图书馆学的建立作出了贡献，而且现代公共图书馆的思想源泉大抵是从他那里发端。

近代中国之所以落后挨打，梁启超认为乃因政治腐败、文化教育落后、人才匮乏。他认为中国要强大起来，除了要变法图强，了解和吸收西方先进的科技文化外，还要注重培养各种专门人才。而培养人才就必须兴办学会，兴办图书馆。基于这样的爱国认识，梁启超积极投身到中国近代的图书馆建设事业中。当时的藏书楼所秉承的"重藏轻用"的思路已不能适应时代的发展，中国迫切需要引进和学习西方近代的图书馆学思想。图书馆只有走向开放和面向民众，才能起到"启迪民智"、"教育人才"的作用，达到使国家富强的最终目的。这种认识，较之洋务运动时的"船坚炮利"来制夷，只注重物质层面上的认识要高明多了。与维新运动的其他领袖相比，他思考的问题要深刻得多，这与后来"五四"运动倡导的"民主和科学"精神是有承继关系的。

梁启超早年与友人创办过"万木草堂书藏"，这是他最早的图书馆实践活动。到1895年，梁启超在北京成立维新运动总机关强学会，同时设立了学会书藏。《戊戌政变记》中将"开办大图书馆"称为强学会所做的五件大事之一。强学会书藏当时并不称为图书馆，但已具有了中国近代图书馆的雏形。从藏书方面来看，强学会书藏除了有传统的经、史、子、集外，还收集了大量西学、新学书籍，并致力推广藏书的利用，开放对象不再局限于官吏士子，而是推及到一般民众。为了实现其宗旨，强学会的成员甚至四处推销其图书馆，求人来看书，以使广大民众能开阔眼界，了解世界。在他的《饮冰室文集》中，描绘了当时强学会书藏对外开放的情况："备置图书仪器，邀人来观，冀输入世界之知识于国民。该书藏有一世界地图，会中同仁视同拱璧，日出求人来观，偶得一人来观，即欣喜无量。"①

强学会书藏虽随着戊戌变法的失败而夭折，其存在的历史很短，但其影响力不能小觑。此后不但维新派组织的各类学会很多都成立了向社会公开提供借阅的书藏，更有一些私人藏书家也将自己的藏书楼向社会开放，其中包括浙江绍兴徐树兰所建的古越藏书楼于 1904 年向社会开放，成为我国近代公共图书馆起源的标志。

这种近代藏书楼虽不称为图书馆，但其仿效西方图书馆对社会公众开放，与以收藏为主的传统藏书楼有本质的区别。可以说强学会书藏的建立和它所引领的近代西方图书馆理念促进了中国传统藏书楼向近代藏书楼的转变，成为中国图书馆史上具有开拓意义的事件，这与梁启超的宣传和倡导是分不开的。

戊戌变法运动终以失败告终，1903 年，梁启超开始了历时近9 个月的美国之行。他每到一处都不忘参观当地图书馆。在他旅行日记辑成的《新大陆游记》中曾 4 次记载了美国图书馆的现状，对公共图书馆、国会图书馆、大学图书馆和私人捐助图书馆的情况都有介绍。6 月 1 日，他参观了美国第一所公共图书馆波士顿市立图书馆，对这种依法建立、向所有居民开放、由地方行政税收保证经费来源的公共图书馆，梁启超亲见后有所震动。6 月 9日，他参观了国会图书馆，感慨其规模与收藏之宏大。7 月 28日，他参观了芝加哥大学图书馆，不但感受了大学图书馆规模之大，还对美国大学图书馆所采用的先进管理方式如开架借阅大为赞赏。《新大陆游记》中梁启超写道："余所见各学校之图书馆，皆不设管理取书人，惟一任学生之自取而已。余颇讶之，至芝加哥大学，询馆主：如此，书籍亦有失者否？答云：每年约可失二百

---

① 梁启超. 饮冰室合集文集之 29[M]. 上海：上海中华书局，1936：38.

册左右。但以此区区损失之数，而设数人以监督之，其所费更大，且使学生不便，故不为也。大抵失书之时，多在试验期之前半月，盖学生为试验而窃携去备温习，验毕复携返者亦甚多云。此可见公德之一斑。即此区区，亦东方人所学百年而不能几者。"这种"以最小的图书损失换取培育人才最大社会效益"的思维方式是梁启超以往从未听闻和接触过的，惊讶之余，从中他亦又一次看到了当时中国与西方图书馆管理理念之间的差距。

在《新大陆游记》中他还记载了卡内基捐建图书馆的善举："卡内基为现今美国第一富豪……卡氏出身寒微，自其幼时，未尝得受相当之教育。惟恃在公共图书馆中得种种之智识。故卡氏以图书馆为慈善事业之第一，倾全力以助之。余所至各市，无不见有卡氏所立图书馆者。"梁启超本希望能亲见这位颇为传奇的捐助者，但未得尝所愿"余至必珠卜时，卡氏往欧洲，惜未得见"。

1920年，梁启超从欧洲游历归国后，放弃政治，转而专心致力于文化教育事业。在他生命的最后十年，除了致力于学术研究、巡回讲学外，主要是从事图书馆事业的建设。这期间他为中国图书馆事业做了大量实际工作，不但亲自创办图书馆，潜心研究图书文献学，还力主创建中国的图书馆学和培养图书馆学人才，为中国近代图书馆事业的建设和发展作出了卓越贡献。

1923年，为纪念蔡锷将军的松坡图书馆在北平建立，梁启超亲任馆长并撰写了《松坡图书馆记》。1925年，中华教育基金会和教育部合办成立国立京师图书馆，梁启超被聘为馆长。1926年，国内最大的公共图书馆——北平图书馆正式成立，梁启超又兼任该馆馆长。此时梁启超已同时担任三所图书馆的馆长，这与他在学术界积累的崇高威望有关，更源于他多年来为图书馆事业所作的种种贡献得到了社会的肯定和赞同。

在参与创办图书馆的同时，梁启超力主创建中国的图书馆学和培养图书馆学人才。1925 年，中国图书馆界第一个学术团体——中华图书馆协会成立。梁启超被推举为第一任理事长，在成立大会上他发表了《中华图书馆协会成立会演说词》，特别强调"建设中国的图书馆学"和"养成管理图书馆人才"的重要性。他不但将中国与世界的图书馆事业进行了对比，分析了差距，还对中国图书馆的发展提出了很有价值的意见。他提出集中力量先办一个示范性的图书馆，增强人们的图书馆意识和对近代图书馆的了解，同时附设一所图书馆专门学校，培养新型人才。

梁启超一生不仅对中国近代图书馆的形成和发展作出了杰出的贡献，而且对图书馆学理论也做了大量深入的研究，并做了许多有益的探索，特别是对传统目录学理论进行了改革和创新，把我国的目录学研究推到一个新的阶段。他关于目录学的著述就有《西书提要》、《西学书目表》、《东籍月旦》、《国学入门》等十多部。梁启超在目录学上的最大贡献是发展了书目分类学理论，并编撰了我国第一部以科学分类为基础的书目，首创科学书目分类体系。

1929 年 1 月梁启超不幸病逝，他留下遗言将其饮冰室藏书的四万余册全部捐献给国立北平图书馆，此举是他一生对中国近代图书馆事业的最后一份贡献。晚年的梁启超亲自创办并领导多所图书馆，从理论和实践两方面去探索建立中国的图书馆学，倾心竭力地推进中国近代图书馆事业的发展，用自己的实际行动表达了他对中国图书馆事业的一片热忱。

【分析点评】

梁启超生活于鸦片战争至"五四"运动时期，这是一个变革动荡的年代，也是一个古今中外、新旧文化荟萃和破旧立新、推陈出新的年代。梁启超作为特定历史过渡时期中的一个人物，始终站在时代的最潮头。在图书馆事业方面，梁启超为中国封建藏书楼向近代图书馆的转变和发展作出了不可磨灭和开拓性的贡献。正是由于梁启超等先辈们的开拓和指引，才有后来民国时期图书馆事业的大发展以及"新图书馆运动"时期涌现的一大批图书馆人才队伍。这些都与梁启超的开拓性贡献分不开。

现今，梁启超的大多思想不仅没有过时，而且有些仍是我们这个时代还未达到的。回首先辈的图书馆实践活动，我们更为其思想所折服。"得一人来观，则欣喜无量"的开放心态，应该始终成为我们公共图书馆从业人员对待读者最基本的态度。

【资料来源】

1. 胡筱华. 中国近代图书馆事业的开拓者——梁启超[J]. 图书馆工作与研究，2008(8).

2. 范并思. 李小缘与中国近代公共图书馆研究[M]//李小缘纪念文集. 南京大学信息管理系，2008.

3. 袁莉莉. 梁启超与李小缘的公共图书馆观念比较[J]. 图书馆界，2009(1).

四、乞丐进馆的风波——杭州图书馆坚持平等服务

"据说杭州图书馆对所有读者免费开放，因此也有了乞丐和拾荒者进门阅览，图书馆对他们的唯一要求就是把手洗干净再阅读，有读者无法接受，于是找到馆长，说允许乞丐和拾荒者进图书馆是对其他读者的不尊重，馆长回答：我无权拒绝他们入内读书，但您有权利选择离开。"①

2011年1月18日晚上，这则故事被发布在微博上，即刻被

_____

① 网友"贺兰泰"转载的微博[N]. 广州日报，2011-01-21.

转发了5 000多次，仅评论就达到1 200多条。杭州图书馆及馆长被火爆围观，网民把杭州图书馆称为"史上最温暖图书馆"，馆长还获"最感人馆长"等盛赞。

实际上，馆长本人并没有开通微博，他在接受记者采访时表示，其实微博上的言论，是他早在两年前就说过的话。"意思大概就是这样的，不过我原话是说：'你可以选择换个区域'，我们也没有权利要求有意见的读者离开。"从2003年起，杭州市图书馆就开始实行对所有读者免费开放，包括乞丐和拾荒者，图书馆对这些特殊读者的唯一要求，就是把手洗干净再阅读。这一举措推行以来，一直引起个别读者的不满。

一条微博发布的杭州图书馆"旧闻"被围观，很快引起大众媒体关注，业内热烈讨论，迅速成为一个社会热点话题。2011年1月21日《人民日报》报道了《拾荒者进图书馆并非传说——杭州图书馆，零门槛"最温暖"》，阐释道："杭图不设门槛，在这个冬天不仅温暖了读者，也温暖了得知此事的无数网民。"《文汇报》则直接引用馆长经典言论："我无权拒绝他们入内读书，但您有权利选择离开"这句话作为文章报道的标题，并在文中进行阐释："我（馆长）告诉提意见的读者，你们如果不愿意与乞丐一起阅读，可以换一个阅览室。图书馆那么大，总有您感到愉悦的地方。"其实，在国外，这种公平、平等、开放的图书馆服务随处可见，例如加拿大温哥华市的公立图书馆和私立图书馆有一个共同的馆规：不论你是本国人还是外国人，是王子还是乞丐都不需要任何证件、任何费用即可进入任何一个图书馆，阅览或享受视听及上网服务。温哥华能被评为宜居城市，这个共同馆规也是当选的重要理由。《新华每日电讯》也给予杭州图书馆"最温暖图书馆"的称号——读书且取暖，请到最温暖图书馆。

公共图书馆怎样对待诸如乞丐、拾荒者等特殊人群，就连现代图书馆理念的发源地——欧美国家也存在不同的声音和不同的做法。几年前，在英国莱斯特郡威格斯顿图书馆也出现过"禁读事件"。事件的当事人不是乞丐，而是有严重体味的读者。

2009年12月，英国莱斯特郡图书馆事务部宣布禁止一名体味严重的男子进入威格斯顿图书馆（Wigston Library）。事件发生后，英国广播公司（以下简称BBC）、《每日电讯报》、《太阳报》等英国主要媒体对此事件进行了详细的报道。国内《羊城晚报》、《杭州日报》、《淮海晚报》、《三秦都市报》等媒体也纷纷对此事进行了报道或转载。

据BBC网站报道，被禁止进入图书馆的这名体味严重的男子名叫斯图尔特·彭曼（Stuart Penman）。威格斯顿图书馆负责人称：彭曼经常来图书馆，大约在一年以前，他们就不断地接到其他用户关于他体味严重的抱怨和投诉，为此他们曾多次与彭曼商讨如何解决这个问题，但情况依然没有任何改善，当发现人们由于这个原因而拒绝再到图书馆来的时候，他们只好禁止彭曼在6个月之内进入图书馆。这是他们经过再三考虑后才做出的慎重决定。

彭曼在媒体上表示强烈不满和抗议。他承认的确有体味和脚臭，也经常带有烟味。但他坚称每天都洗澡，并且已经尽力保持清洁。彭曼认为他之所以被禁止进入图书馆，是因为图书馆的工作人员不喜欢他。他说在此之前并未收到来自图书馆事务部方面的任何警告。只是曾经几次有个图书馆男工作人员把他叫到一旁谈过他的体味问题，而且他也已表示感谢并答应离开回家洗澡。被禁止进入图书馆的当天上午，他还去图书馆使用电脑。但在他当天晚上再次到图书馆的时候，却被告知不能进入图书馆。他及家人认为这个决定非常不公平。

英国体味研究组织（MeBO Research）的创立者及负责人玛丽

亚·托雷(Maria de la Torre)为此事专门多次致信图书馆等相关机构，努力寻求解决这个事件的方法和途径，并要求图书馆为体味严重的用户群体单独开辟一个专门的阅览室，并向这一群体提供解决体味问题的信息指引。

在英国的"禁读事件"中，威格斯顿图书馆声称为了维护和保障其他用户自由平等利用图书馆的权利，所以才不得不禁止体味严重的彭曼在6个月之内进入图书馆，但彭曼平等自由利用图书馆的权利被无情剥夺了。与此形成鲜明对比的是，在"史上最温暖图书馆"事件中，杭州图书馆不但没有把乞丐拒之门外，而且敞开大门欢迎他们入内读书，其馆长还建议那些有意见的读者"选择换个区域"。这样的做法，既保障和维护了特殊用户利用图书馆的平等自由权利，又保证其他用户能够在舒适环境中利用图书馆的平等自由权利，为此在全社会引起了重大反响，有其必然性。

【分析点评】

经由媒体传达的杭州图书馆馆长不拒绝乞丐的"旧闻"，在社会公众当中赢得了几乎是众口一词的赞誉："旧闻"被称为"暖闻"；杭州图书馆被誉为"最温暖的图书馆"，一家地方报纸的新闻评论以给力的标题评价杭州图书馆馆长——"哥在开放图书馆，更是在捍卫平等"。① 这一现象说明了什么？杭州图书馆的举动，说明21世纪以来图书馆界大力倡导的现代图书馆理念结出了实践果实。《公共图书馆宣言》规定："公共图书馆应该在人人享有平等利用权利的基础上，不分年龄、种族、性别、宗教信仰、国籍、语言或社会地位，向所有的人提供服务。"美国图书馆协会制定的《图书馆

---

① 详见《潍坊晚报》，2011-01-20.

权利法案》第五项准则阐明：个人使用图书馆的权利不应因出身、年龄、背景或是观点的不同而被否认或剥夺。我国图书馆界推出的《图书馆服务宣言》也指出："图书馆向读者提供平等服务"，"图书馆在服务与管理中体现人文关怀。图书馆致力于消除弱势群体利用图书馆的困难，为全体读者提供人性化、便利化的服务"。这表明，民众使用图书馆的平等权利不应因为个人身体的原因而被否认或剥夺。杭州图书馆的做法顺应了这一潮流，值得赞誉。

【资料来源】

1. 李国新. 利用图书馆是公众的权利[N]. 中国文化报，2011-02-10.

2. 李超平. 大写的图书馆职业理念[N]. 中国文化报，2011-02-10.

3. 倪晓建. 儒者丐者，一概欢迎[N]. 中国文化报，2011-02-10.

4. 吴晞. 从旧闻翻新看公共图书馆的价值观[N]. 中国文化报，2011-02-10.

五、永远不对读者说"不"——"用户永远是正确的"引发的一场讨论

在 2004 年 7 月出版的"面向 21 世纪课程教材（图书馆学类）"《信息资源共享》中，中山大学资讯管理学院程焕文在第二章中首次提出了"用户永远都是正确的"基本定理。他认为："这是一个似乎过于绝对且颇有几分与常理相悖的论断，但是，这个论断不仅在国际图书馆界比较流行，而且被许多图书馆奉为图书馆服务的准则和信条。"他又强调："充分地理解并且树立'用户永远都是正确的'信念具有十分重要的实践意义。"他把该定理解读为："用户

决定图书馆的一切""最大限度地吸引用户""对用户永远不要说'不'""用户的一切过错都是有益的"。①

其后,在2007年至2008年间,"用户永远都是正确的"定理引发了一场从博客评论到期刊笔谈,再从网络评论到博客争鸣的学术大讨论。迄今为止,在8种图书馆学期刊上正式发表了14篇学术论文,在36个网站及博客上发表了117篇讨论文章。② 有学者认为:"图林中人人在议用户与定理(指'用户永远都是正确的')……在图书馆学历史上,恐怕还没有一个定理、定律、原理等,能在如此短的时间内引起这么密集的议论。"③

2007年,程焕文为此专门发表论文解释提出该定理的缘由,是因为他"深感我国图书馆学基本理论颇有几分虚无缥缈与脱离实践,教与学时常为不切专业实际的纸上谈兵与不合世界潮流的关门论道,乃悉心梳理图书馆学的基本真谛,并以'基本定理'为题专列一章做了提纲挈领式的系统阐述。"他指出:"这些'基本定理'是第一次'堂而皇之'地进入全国图书馆学专业统编教材,其理论与实践意义不言而喻。"并且预言:"虽然读者可能会对此不以为然,或者在教与学中亦会有疑惑,这是意料之中的势所必然。""随着该教材的普遍采用,这些'基本定理'将会以'灌输'的方式被更多的莘莘学子所了解,将会以'讨论'的方式被更多的同行所理解和接受,并最终推动我国图书馆学理论研究的发展和图书馆实践的进步。"④

在图书馆学期刊上正式发表的13篇论文当中,包括了在《图

---

① 程焕文,潘燕桃.信息资源共享[M].北京:高等教育出版社,2004:32—36.
② 信息资源共享精品课程网站.教学效果:社会反响和学术影响[EB/OL].[2009-07-27].http://jpkc.sysu.edu.cn/2005/xinxi/index-xg.htm.
③ 老槐也博客.随波逐流议"定理"[EB/OL].(2007-01-20)[2009-07-27].http://oldhuai.bokee.com/6055264.html.
④ 程焕文.用户永远都是正确的[J].图书情报知识,2007(1).

书情报知识》2007 年第 1 期的"专题研究"栏目中刊发的 7 篇专题讨论学术论文。这组专题文章以比较正规的学术期刊讨论方式，比较客观公允地反映了研究者对"用户永远都是正确的"正方、反方和折中三种看法。

正方的观点认为："'用户永远都是正确的'吸收了马克思主义认识论和辩证法的精华。它和'读者权利'是统一的。"① "'用户永远是正确的'绝对化地表述表明了图书馆'一切为了用户（读者）'的坚决态度"，"用于教学无不妥"，"'用户永远是正确的'于图书馆而言是一种全新的服务理念"。②

反方的观点认为："'用户永远都是正确的'忽略了图书馆权利，会将图书馆置于不利境地。""'用户永远都是正确的'说法是片面的，不应该成为图书馆界的一个定论。"③ "不宜称为定律甚或定理"，建议改为"'尊敬用户永远正确'或'用户是永远值得尊敬的'"。④

折中的观点认为：这个定理在认识论上是错误的，"用户对"其价值观命题在一定的条件下，强调图书馆应该最大限度地满足用户的需求，有一定的积极意义，但这又容易和用户平等、效益等重大问题缠绕在一起，引起新的混乱和社会矛盾。"故应谨慎提'用户永远都是正确的'。"⑤

其余的有关"用户永远都是正确的"大讨论的期刊论文及网上文章，或是从不同角度论述各自的看法，或是引经据典分析该定理的得与失，或是从不同立场评论该定理对图书馆服务工作的利

① 周旖. 解读"用户永远都是正确的"[J]. 图书情报知识，2007(1).
② 何韵. "用户永远都是正确的"之我见[J]. 图书情报知识，2007(1).
③ 林海青. "用户永远都是正确的"值得商榷[J]. 图书情报知识，2007(1).
④ 叶鹰，等. 笔谈：用户永远都是正确的[J]. 图书情报知识，2007(1).
⑤ 白君礼，金养娥. 图书馆应谨慎提"用户永远都是正确的"[J]. 图书情报知识，2007(1).

与弊……总之是"此起彼伏，群贤毕至，众说纷纭，既泥沙俱下，又珠玉纷呈"，概而括之，都不外乎是如上所述的正方、反方和折中三类观点。

"用户永远都是正确的"定理体现了程焕文的图书馆服务观念。首先，他认为"用户永远都是正确的"是一个信念，重要的是如何去实践和运用这个信念。其次，他指出：树立"用户永远都是正确的"信念，必须使"人性善"的观念彻底覆盖"人性恶"的观念，这样才能把图书馆管理与服务从道德约束迈向道德感化，图书馆用户才能从道德他律迈向道德自律。再次，他断言："用户永远都是正确的"定理就是图书馆学理论的一种"落实"，是"用户至上"、"读者第一"这些"漂浮的种子"的"落实"。最后，他特别强调："用户永远都是正确的"定理"可能是写给现在的图书馆人看和十年以后的图书馆人用的"。①

【分析点评】

这次学术大讨论体现了图书馆界与公众对图书馆服务意识与用户意识的觉醒。所谓公共图书馆，"是指各级人民政府兴办、面向社会提供公共文化服务、以保障公众基本文化权益的图书馆。"②虽然，公共图书馆也已经有160多年的历史，但是，图书馆是服务机构的意识，图书馆的本质属性是服务性的意识，图书馆工作人员的职责即是为用户提供信息资源服务的意识，却一直未能普遍地建立起来。过去很长一段时间以来，我国图书馆界的用户意识淡薄。虽然，这场前所未有的学术大讨论已经暂且告一

---

① 程焕文. 用户永远都是正确的[J]. 图书情报知识，2007(1).
② 程焕文，潘燕桃，刘洪辉，等. 广州市哲学社会科学规划重点委托课题《广州市图书馆条例》立法研究"最终成果，2007.

段落，但是，它给图书馆界在图书馆用户服务理念上的冲击与影响仍然在持续。在很大程度上，这场学术讨论实质上是图书馆用户意识的差异所导致的冲突与争鸣，实际上，这同时也是引发近年来几起影响较大的图书馆事件的主要原因之一。要树立用户意识，就必须认识到"用户决定图书馆的一切"："如果没有用户，就没有用户需求；而没有用户需求，就不可能产生图书馆，更不可能有图书馆的发展；同样，如果没有用户，图书馆的中介本质属性和传递信息资源的本质职能都将不存在"，"图书馆就失去了其基本的社会价值，也就没有存在的必要"。

如同在这场讨论中所展现的，"用户永远都是正确的"表述未必都是正确无误的，其中亦不乏值得商榷之处。然而，这次学术大讨论是当下中国社会对"人文呼唤"的真切写照，体现了图书馆界与公众对图书馆服务意识与用户意识的觉醒。

【资料来源】

1. 程焕文，潘燕桃. 信息资源共享[M]. 北京：高等教育出版社，2004：32—36.

2. 程焕文. 用户永远都是正确的[J]. 图书情报知识，2007(1).

3. 竹帛斋主. 迈向草根时代——《竹帛斋图书馆学论剑：用户永远都是正确的》前言[J]. 图书馆论坛，2007(6).

4. 潘燕桃. 近 60 年来中国公共图书馆思想研究（1949—2009）[M]. 广州：中山大学出版社，2011.

六、"再穷的人也能成功"——卡内基与公共图书馆免费服务

在美国很多社区公共图书馆的大门，都可以看到一块铸着钢铁大王卡内基（Andrew Carnegie）名字的铭牌。从 1881 年卡内基

首次向他的出生地苏格兰的邓弗姆林镇捐建一所公共图书馆，至1919年，卡内基先后向英国、美国、加拿大、印度等英语国家捐款 5 600 万美元（当时价格），一共建造了 2 509 所公共图书馆，其中在全美国 1 412 多个社区建立了 1 689 座图书馆，绝大多数是公共图书馆，且 1/3 是以卡内基来命名的。卡内基捐建的公共图书馆多为小型的社区图书馆，最贴近民众，因此，在美国民众的观念中，卡内基是公共图书馆的代名词。卡内基对美国公共图书馆的普及起到了巨大的推动作用，而他热衷于公共图书馆的捐建，与他在青少年时期的经历有很大关系。

安德鲁·卡内基是一个苏格兰的穷孩子，他 13 岁时随家迁居美国后住在匹兹堡，最初在一家棉纺厂做童工，辛苦一周赚 1.2 美元，后来又做电报投递员。卡内基在跑腿送电报之余，很想多读点书来充实自己，可苦于家境贫穷，无法接受正规教育，也根本没有多余的钱买书。书籍对普通平民是一种奢侈品，而在 19 世纪中期的美国，公共图书馆少之又少。幸好有一天他在翻阅报纸时，发现了一条消息：一位退役的詹姆士·安德森上校愿意将家中所藏的 400 册图书借给好学的青少年们，每逢星期六可以到他家借一本书，一星期后归还，再换借另一本。于是，欣喜若狂的卡内基找到上校的家，借到了自己心爱的书。后来，上校考虑到借书的少年日益增多，计划开办一个私人图书馆。他到纽约添购了各种书籍，扩大了自己的书斋，又向市政府商借了一间房，成立了一家真正的图书馆。可是借房子的事一经提出，官方就介入了，于是后来颁布了"本馆仅供初学者免费借阅，其余须缴年费两美元"的规定。按照新规则，卡内基也须交钱，他前往图书馆抗议道："我是电报信差，但还在学习，那也要交年费吗？""没错。"愤愤不平的卡内基于是向《匹兹堡快报》投书："市府违反慷慨的图书捐赠者安德森上校的本意，设下如此限制，无疑剥夺了无力缴纳两美元年费者的权利。"

市政府当局与卡内基之间交相投书指责，结果《匹兹堡快报》刊登了一篇社论支持卡内基，于是卡内基获得了胜利。卡内基当时的兴奋之情是难以言表的，后来他在《自传》中说，在他那生活的暗室里，从此犹如打开了一扇窗户，知识之光就从这里射入。在他所捐献兴建的图书馆里，都刻有他的格言——"愿光芒永在"。青少年时期利用图书馆的这段经历让卡内基立志要为穷孩子建立更多的免费图书馆。他说："如果我拥有了财富，我将建立大量免费的图书馆。"

多年后，获得成功的卡内基反对单纯的施舍救济，更愿意提供教育机会使别人自立。他以自身的经历告诉大家：在这个社会，再穷的人也能成功，图书馆就是成功的第一个台阶。他建图书馆就是要让那些勤奋、有才能的人有机会像自己一样成功。对于卡内基钟情图书馆事业的个人原因，1903 年赴美考察的梁启超也提到："卡氏出身寒微，自其幼时，未尝得受相当之教育，惟恃在公立图书馆中得种种之智识。故卡氏以图书馆为慈善事业之第一，倾全力以助之。"梁启超对卡内基捐款兴建图书馆的义举既惊讶又赞许。

商业上精明的卡内基，为自己的捐助开出两个条件：一是申请捐助的社区必须无偿提供土地用于修建图书馆，而他的捐助只能用于图书馆的建筑开支，而不是采购图书和人员工资；二是接受捐助的社区政府必须许诺，今后保证每年拿出相当于他捐助数额 10% 的拨款用于图书馆的维护和人员开支。1881 年至 1919 年，卡内基和卡内基基金会捐建图书馆不仅对美国公共图书馆事业的发展起到了决定性的作用，而且也是"世界图书馆事业史上规模最大、历时时间最长的一项捐款。卡内基因此被人尊称为'图书馆恩主'"。

　　卡内基及其基金会捐助图书馆事业给美国图书馆界带来的变化不仅是量变更是质变。如果说卡内基的第一个条件是在实物上推动了美国公共图书馆的建设，那么他的第二个看似苛刻的条件，就是在财政制度上保证了美国公共图书馆的运作。卡内基基金并非仅仅简单地建好图书馆，而是要地方政府以立法方式保证建立对图书馆的持续支持为捐款前提，因此"卡内基的捐款模式客观上促进了具有美国特色的图书馆立法，使美国形成了以地方立法为基础的政府对公共图书馆事业的支持体系"。它播种了"用公共支出提供图书馆服务是政府一项固有功能"的观念，意义非常深远。同时，卡内基对受捐的公共图书馆提出了工作上的要求："图书馆应该成为社区的实际存在。"美国的公共图书馆管理者们，数十年如一日地遵循卡内基先生的要求，将公共图书馆建成一种社会的"实际存在"，免费为所有公民服务，并努力使图书馆成为他们身边的良师益友。

　　无独有偶。当代美国首富，微软创始人比尔·盖茨也对美国公共图书馆事业慷慨解囊。1995 年起，微软公司就开始探索图书馆上网的解决方案。1997 年盖茨和夫人一起设立了"比尔和梅琳达·盖茨基金"。该基金用于为低收入地区公共图书馆添置计算机和网络设备，以及图书馆管理人员的计算机知识培训。按计划，基金将为此在五年内投入 2 亿美元现金和 2 亿美元价值的设备。如今，美国 98％的公共图书馆都已向读者提供免费的上网服务，而这正是得益于该基金的捐助。

【分析点评】

　　公共图书馆能促进美国民主思想的传播，推动美国民主社会的进程，这是卡内基捐建图书馆最重要的原因。卡内基一直致力于建立一种他认为能为公民提供最好的教育和教化的民主机构，而建立图书馆则是实现这种民主机构的最佳选择。在美国这样多年以市场经济为社会主导的国家里，成就了卡内基以及比尔·盖茨这样公益教育文化的捐助者，并取得了巨大而长久的成功，给我们带来了无尽的思考和启迪。

【资料来源】

1. 程亚男. 钢铁大王卡内基的图书馆情结[N]. 深圳特区报，2005-02-27.

2. 王邢华. 捐资兴建 2811 座图书馆的钢铁大王卡内基[J]. 图书馆界，1993(1).

3. 郑永田. 卡内基图书馆计划的回眸与反思[J]. 中国图书馆学报，2010(1).

4. 翟艳芳，赵喜红. 美国钢铁大王卡内基与图书馆[J]. 图书与情报，2007(4).

第二章　服务模式与管理机制

进入 21 世纪以来，随着综合国力的增强，国内公共图书馆事业迎来了新一轮的建设发展高潮。在现行的公共图书馆管理体制下，各省市、地区都在努力探索各自的图书馆发展道路，因地制宜地建立起形式多样、异彩纷呈、各具特色的图书馆服务和管理模式。本章筛选了 7 个具有普遍典型代表意义的公共图书馆服务案例。"广东流动图书馆"以大物流思路实现图书流动；深圳"图书馆之城"致力打造遍布全城的四级图书馆网络并推行不受时空约束的城市街区 24 小时自助图书馆；苏州图书馆以一种职业创新行为创建了非常接近国际上总分馆关系的"苏州模式"；"嘉兴模式"采用"政府主导、统筹规划、多级投入、集中管理、资源共享、服务创新"的总分馆建设模式；佛山禅城区图书馆开创了由政府主导、多级政府及社会力量联合出资办馆、由主馆统一管理的"联合图书馆"模式。除此之外还选取了以服务优质便捷高效著称的中国香港公共图书馆和在世界上享誉盛名的纽约公共图书馆两个案例。这些案例所体现的先进管理模式以及不断创新的服务理念，均可圈可点，颇具启示意义。

一、让图书馆流动起来——广东流动图书馆建设

广东省是经济发达省份，但区域经济发展并不均衡，公共图书馆事业亦因此呈现出很不均衡的状况，以广州、深圳、佛山、东莞等为代表的珠江三角洲地区已经建立起较为发达的公共图书馆服务体系，而粤北和东西两翼的粤东、粤西大部分地区是落后的贫困地区，政府对文化事业投入有限，严重制约了公共图书馆

事业的发展。

由于购书经费的安排缺乏行之有效的保障，许多公共图书馆经费只够用于维持人员开支及正常运作，购书经费非常少，甚至根本没有购书经费。据一项调查显示："2003 年，广东省人均购书费为 0.66 元，全省有 15 个公共图书馆全年没有购书经费，占图书馆总数的 11.63%；有 14 个公共图书馆购书经费不足 1 万元，占图书馆总数的 10.85%，这些馆除了能订购些报刊外，已无力再购买新书。"①

面对这样的窘况，2003 年年初，广东省图书馆界专家和十几位广东文化界知名人士向省政府提出《关于建立广东流动图书馆的建议》，希望发挥现有县级图书馆馆舍和人力资源的潜力，通过省政府的资金支持，整合社会资源，建立流动图书馆，借助物流技术实现图书馆资源有序流动，在较短时间内改善广东贫困地区人民群众缺乏图书馆服务的状况。2003 年 9 月，广东省政府同意拨出专款，由广东省立中山图书馆负责实施建设广东流动图书馆。广东省政府办公厅出台了《关于深化文化体制改革建设文化大省的若干配套经济政策》，明确规定：2004 年安排流动图书馆购书经费 500 万元，从 2005 年至 2008 年每年增加 10%。根据规划，广东流动图书馆按标准化的方式建设：每个流动图书馆拥有的书刊资源数量基本相同，技术设备和管理设备完全一致，并采用省馆的服务规范；流动图书馆将按循序渐进的方式建设，从 2003 年年底开始，每年建成 10～15 个流动图书馆，计划在 2010 年建成约 100 个分馆的流动图书馆群，每年为 1 000 多万读者提供阅览服务。

为保证流动图书馆的建设质量，并有效调动地方政府加大公

---

① 广东省公共图书馆人均藏书偏低 [EB/OL]. [2011-12-13]. http://www.ccnt.gov.cn/sjzz/jhcws/cwswhtj/200505/t20050527_10743.html.

共图书馆建设投入,"广东流动图书馆"设置了建设的准入条件:(1)每年单列专项购书经费 5 万元以上;(2)工作人员不少于 8 人;(3)可提供面积不少于 120 平方米的阅览室作为分馆用地;(4)具备专线上网条件;(5)具备良好的馆容馆貌;(6)每周至少 5 天以上开放至 21 点。对符合上述条件的县级公共图书馆,省馆在该馆组织设立"广东流动图书馆"分馆,为其配置书架、桌椅、电脑,并配备 1.2 万册新书馆内阅览,1 200 种中外经典电子图书光盘阅读,50 万种电子图书、1 200 万篇期刊论文联机检索和原文提供,12 万篇博士硕士学位论文、16 万篇学术会议论文联机检索和原文提供,1.4 万种外文期刊的数字化资源库检索,30 个事实型数据库检索,全国文化信息资源共享工程基层中心的各项服务等。

在管理方面,广东流动图书馆按总馆—分馆的模式进行管理,总馆与分馆之间是协作和共享的关系,采用协议方式明确各自财产的归属和各方的责任和义务。广东省立中山图书馆作为广东流动图书馆总馆,在各县级公共图书馆新建的流动图书馆网点作为省馆的流动分馆。省馆建立了职责明晰的制度和机构来协调广东流动图书馆的发展,颁布和实施《关于加盟广东流动图书馆的申请办法》、《广东流动图书馆图书配置原则及范围》、《广东流动图书馆图书分编加工流程和规范》、《广东流动图书馆管理条例》、《广东流动图书馆管理规范手册》等制度性规范,确保流动图书馆建设有序进行。

为确保各项具体工作的落实,广东省立中山图书馆设立两个工作组负责流动图书馆建设。第一个工作组承担流动图书馆调研布点、资源配置和馆员培训工作,具体负责:调研考察加盟对象和确定加盟单位;按照统一规则采购、分编图书;配置计算机管理系统、网络设置和其他管理设备;集中或单独培训图书馆从业人员。第二个工作组承担图书设备配送、图书流动和日常联系与协调工作，具体负责：组织图书、设备的配送和图书流动；用视频电话和其他通信手段建立与各流动分馆的交流平台，协调日常管理事务；收集、汇总流动分馆的业务数据和情况等。广东流动图书馆还确立了年会制度，每年召集一次工作会议供各流动分馆进行经验交流和总结。相关管理制度和管理机构的建立为广东流动图书馆建设有条不紊地进行提供了保障。

在流动机制方面，广东流动图书馆的建设原则是先完善流动分馆的网点，然后进行高效有序的流动。"省馆每半年将图书流动一次，A 馆流向 B 馆，B 馆流向 C 馆，依此类推；每次流动前，先剔旧 2 000 册图书，用来补充县级馆的原有馆藏；流动时，再补充 2 000 册新书。流动书的产权归省馆，县政府配套经费购买的图书产权归县图书馆，但所有图书的书目数据都在省馆的书目数据库中，采用相关字段标识产权。"①

在技术支撑方面，广东流动图书馆采用 Interlib 系统，实现图书馆集群管理，突破传统图书馆自动化系统单馆管理模式。"利用 Interlib 系统，只要在一个地区或城市的中心馆安装一套服务器和 Interlib 软件，所有成员馆都可以通过互联网完成主要业务的自动化管理，而不必每馆都购买硬件和软件。"

截至 2011 年年底，广东流动图书馆共建立了 72 个分馆，进馆读者达 3 439 万人次，接待读者上网 55 万人次，阅览图书 6 533 万册次，接受读者咨询 48 万件，处理外借办证 14 万个，图书外借 422 万册次。③

广东流动图书馆的建设改善了贫困地区人民群众严重缺乏公

———————————

①② 邱冠华，于良芝，许晓霞. 覆盖全社会的公共图书馆服务体系：模式、技术支撑与方案［M］. 北京：北京图书馆出版社，2008：121－122.

③ 广东流动图书馆业务一览表［EB/OL］. ［2012-01-13］. http://web. zslib. com. cn/liudong/index. asp.

共图书馆服务的状况，新书的到来唤起人们的阅读热情，一改因图书陈旧而门庭冷落的境况。各地广东流动图书馆网点的开放使得各县级公共图书馆到馆读者量大幅上升，成功激活了欠发达地区闲置的公共图书馆资源。与此同时，广东流动图书馆项目的推进和实施还培训了图书馆工作人员，促进各县级公共图书馆人才队伍的发展，使得欠发达地区公共图书馆的管理水平和技术水平落后的状况大为改善，收到良好的社会效益，产生了深远的影响。一些条件不成熟的县级馆纷纷争取当地政府的支持，创造条件，促成流动图书馆建设，推动了当地图书馆事业的发展。一些县（区）图书馆已将流动服务模式延伸到镇级。

2006 年年底，包括"广东流动图书馆"在内的以文化流动服务体系为核心内容的"广东省公共文化服务体系的创新与实践"项目在第二届文化部创新奖评比中获得特等奖。

【分析点评】

广东省首次提出以大物流思路实现图书流动，由省政府投入经费，以经济欠发达地区县级公共图书馆为节点，由省立中山图书馆在该馆设立"广东流动图书馆"分馆，开展总分馆体系建设，以此解决广东省经济欠发达地区人们读书难问题。这种模式在一定程度上突破了以分级财政为基础的公共图书馆建设体制，为公共图书馆事业注入了生机和活力，展现了基层公共图书馆建设主体上移的成效，在省政府经费支持下，省馆负责组织实施，依托现有县级公共图书馆的馆舍和人力资源，建立覆盖欠发达地区公共图书馆服务体系，使全省人民都能够享受到普遍均等的公共图书馆服务。现代物流技术的应用，使图书馆资源高效有序地流动起来，以较低的成本投入收到最大的服务效果和社会效益。

"流动是美丽的。"公共图书馆作为通向知识之门，致力于为个人和社会群体的终身学习、独立决策和文化发展提供基本条件，流动的图书馆为经济滞后地区的民众获取无差别的公共图书馆服务开渠引流，有助于消除知识鸿沟。

【资料来源】

1. "广东流动图书馆"谱写广东文化建设新篇章——"广东流动图书馆"建设情况分析[EB/OL]. [2011-12-13]. http://zwgk. gd. gov. cn/006940079/201104/t20110413_36529. html.

2. 李昭淳，潘妙辉. 流动图书馆群：改善贫困地区图书馆服务的创新之举[EB/OL]. [2011-12-13]. http://www. lsc. org. cn/Attachment/Doc/lizhaochun. doc.

3. 邱冠华，于良芝，许晓霞. 覆盖全社会的公共图书馆服务体系：模式、技术支撑与方案[M]. 北京：北京图书馆出版社，2008.

二、一座以图书馆为名的城市 ——深圳"图书馆之城"与城市街区 24 小时自助图书馆

傍晚，一位女士，三十出头的样子，在一台机器旁边徘徊了好一会儿。原来她是想借出这台机器里的书，但又不知如何操作。旁边的一位志愿者与她聊了起来，在志愿者的帮助下，她用了不到 30 秒时间就办好了一张借书证，又迫不及待地使用这张借书证借出了图书。"深圳很好，这里有其他城市没有的东西"，她兴奋地说。原来，她觉得在深圳生活压力很大，正犹豫是不是要离开回老家呢，但使用了这台机器之后，她竟决定要留下来了。这就是深圳"图书馆之城"建设中的一个品牌项目——城市街区 24 小时自助图书馆。

深圳市早在 2003 年就首次提出建设"图书馆之城"的新思路，2004 年确立了"两城一都"（图书馆之城、钢琴之城和设计之都）的"文化立市"发展战略，"图书馆之城"建设从而提升为全市性的目标。该战略实施以来，各级政府在财政上对公共图书馆建设给予了大力支持，无论是经费总预算还是图书购置费每年都有稳定增长。

"图书馆之城"其实是一个形象的说法，意即把深圳建成为一个没有边界的大图书馆网，以全市已有、在建和将建的图书馆网点和数字网络为基础，联合各图书情报系统，建立覆盖全城、服务全民的文献信息资源共享网络，实现图书馆网点星罗棋布、互通互联、资源共享，为市民提供功能完善、方便快捷的图书馆服务，达到提供丰富资讯、支持终身学习、丰富文化生活的目的。

深圳市"图书馆之城"建设的实施内容主要包括以下方面。(1)加强基层图书馆建设，使居民就近享受图书馆服务。《深圳市建设"图书馆之城"（2003—2005）三年实施方案》提出的目标是到 2005 年年底，基本实现每 15 万常住人口拥有一座公共图书馆，每 1.5 万常住人口拥有 1 个社区（村）图书馆（室）；《深圳市建设"图书馆之城"（2006—2010）五年规划》提出至 2010 年，建成 55 个参照国家县级标准建设的区图书馆分馆/街道图书馆，600 家达标社区图书馆（室）；实现每 15 万常住人口拥有一个县级以上公共图书馆，常住人口人均公共图书馆藏书 2 册的目标。(2)加强总分馆建设，形成多元化的办馆格局，探索符合深圳实际的不同类型的总分馆制。实践中，深圳图书馆实行了预约借书模式，通过网上预约，实现了送书至指定的自助服务机；福田区推行以区馆为总馆，以各社区图书馆为分馆的完全总分馆制；宝安区实行以区馆为总馆，以街道图书馆为分馆的总分馆制；南山区试行在大工业区开设分馆等。(3)推进"图书馆之城"统一技术平台，以多种方式完善服务体系建设。市图书馆和区图书馆实现互通互联、资源共享和一证通行、通借通还服务。全市公共图书馆书目数据实行统一检索，书刊借还实行"一卡通"，读者只要拥有一张借书证，就可以到全市所有公共图书馆网点借还书刊；实现全市文献信息远程电子传递服务；开展各种形式的读书活动和社会培训服务，提高图书馆的利用率。

围绕"图书馆之城"建设，深圳市文化行政主管部门和各级公共图书馆齐心协力，在推进全市公共图书馆网络体系的建设、建立和健全全市文献信息资源保障体系、构筑"图书馆之城"网络技术平台和完善读者服务体系等方面稳步推进，使"图书馆之城"建设硕果累累，精彩纷呈，市民的文化权利得到切实保障。至2005年年底，全市拥有街道图书馆（室）51个，达标社区图书馆471个，基本实现每1.5万人口建有一个社区图书馆的目标；2008年6月深圳市被国家文化部正式命名为首批三个"全国文化信息资源共享工程示范市"之一；2009年6月，由深圳图书馆、深圳大学城图书馆、深圳大学图书馆三馆联合，统一服务平台，联手打造的汇集了百万册图书、上亿篇文章的"深圳文献港"开通；2012年4月，深圳图书馆及其分馆、龙岗区、坪山新区、盐田区、罗湖区、南山区、福田区、宝安区及龙华新区内共167家公共图书馆及分布在全市的160台城市街区24小时自助图书馆共同实现统一服务，包括统一读者证、统一服务规则、共享文献资源等。读者只要拥有一张"图书馆之城"的读者证，即可在全市范围内加入统一服务的任何一家公共图书馆享受阅览文献、借还文献、查阅数字资源等图书馆服务。"图书馆之城"建设进入一个新的里程碑。

此外，深圳市"图书馆之城"建设进程中的创新产物——"城市街区24小时自助图书馆"也应运而生。这是一个由深圳图书馆自主研发的文化科技创新项目和品牌工程，是集传统图书馆、数字

化图书馆和智能化图书馆于一身的"第三代图书馆",集成了
RFID技术、图书传输自动控制技术、图书分拣自动控制技术、
数据通信和数据处理技术,以及相关的安全技术和生产工艺,是
人性化、数字化、智能化与传统图书馆的完美结合。

"城市街区24小时自助图书馆系统"主要由自助图书馆服务
机、图书馆服务与监控中心系统和物流管理系统三部分构成,其
核心设备是自助图书馆服务机。自助图书馆服务机包括浏览书架、
电脑操作台、网络查询台、图书信息浏览屏、还书分拣箱、现钞
验收机等。在自助机上,几乎具备了图书馆全部的服务功能:申
办新证、自助借书、自助还书、预约服务、查询服务等。除特殊
情况外,自助图书馆实行不间断工作,使全市读者均可享受到24
小时的图书馆服务。

与传统图书馆相比,自助图书馆在节约土地资源、降低能源
消耗、环境保护、建设周期、人员及资金投入等方面均具有明显
优势。它突破地域和时间的限制,为市民就近使用图书馆,便捷
办证,随时借还图书和阅览信息创造了极大的便利。在深圳人的
心目中,自助图书馆不仅仅是一台机器或是一个设备,而是一个
真正的、完整的图书馆,它具备了图书馆的各项功能,是图书馆
服务的窗口。截至2011年12月,深圳市投入运行和服务的自助
图书馆有160台,累计文献处理量达5 410 940册次,文献处理人
次达2 266 133次,通过自助图书馆办理的读者证达65 733张。

截至2011年年底,深圳市共有公共图书馆(室)643个,其中
市级图书馆3个,区级图书馆6个,街道及基层图书馆634个,
"城市街区24小时自助图书馆"160台,形成了以市图书馆为龙
头,区图书馆为骨干,街道图书馆、社区图书室、24小时自助图
书馆为网点的图书馆服务网络,网络结构日趋完善。一座在改革
开放之初被贬为"文化沙漠"的新兴城市正在不断创造图书馆建设

的奇迹。在这里，大大小小的图书馆星罗棋布，时刻守候在市民身边。在这里，图书馆不再是一个馆，而是一座城。

【分析点评】

深圳是国内首个提出建设"图书馆之城"的城市，政府主导以及多种形式的总分馆建设有效地促进了市—区—街道—社区四级图书馆网络的建立。作为"图书馆之城"建设的品牌项目，"城市街区 24 小时自助图书馆"体现了人文服务与高新技术的有机融合，是对图书馆传统服务理念和模式的重大变革，填补了城市图书馆分布的空白区域，实现了公共图书馆服务创新、管理创新和建馆模式的创新，从此深圳市民身边有了 24 小时不打烊的图书馆。

每个城市都有被尊重的渴望，每个城市都有受尊重的理由。深圳人为自己的城市提出怎样的期许？——让深圳成为一个因热爱读书而受人尊重的城市吧！"文化立市"是这个年轻城市的梦想，"图书馆之城"与"城市街区 24 小时自助图书馆"是对这个梦想的践行。读书，正在成为这座过去以淘金而闻名的城市新的文化风尚。这片曾被讥笑为"文化沙漠"的土壤，如今却正悄然换上一张新的城市名片——书香之城。一本书到底有多温暖？一本书可以让人选择留下！

【资料来源】

1. 深圳市建设"图书馆之城"(2003—2005)三年实施方案.

2. 深圳市建设"图书馆之城"(2006—2010)五年规划.

3. 吴晞，王林. 人文关怀·现代科技·自助图书馆——深圳图书馆"城市街区自助图书馆系统"介绍[J]. 中国图书馆学报，2008(4).

4. 吴晞. 大道之行　有器之用——关于自助图书馆的几点思考[J]. 图书馆论坛，2008(6).

5. 邱冠华，于良芝，许晓霞. 覆盖全社会的公共图书馆服务体系：模式、技术支撑与方案[M]. 北京：北京图书馆出版社，2008.

三、古城书香——苏州图书馆总分馆服务

2001 年，苏州图书馆新馆建成开放。从新馆开馆第一天起，几乎每天到馆的读者都超过了设计容量，一方面是读者旺盛的阅读需求；另一方面是接待能力明显偏低，加上区、街道、社区图书馆的缺失(7 个城区中，只有 4 个区建有图书馆，其中除吴中区图书馆有一定规模外，其他区图书馆规模都很小)，形成了苏州市图书馆事业的供求矛盾。

为解决这一矛盾，方便读者利用图书馆，苏州图书馆从 2004 年下半年起，总结反思 20 世纪八九十年代乡镇(街道)万册图书馆未能持续生存的教训，分析 2002 年后建设的 4 个分馆中 3 个失败的原因，并对国外的总分馆制和国内一些开展总分馆探索的地区进行调研，形成了《苏州市城区公共图书馆网络建设方案》。

为体现方案的优越性，苏州图书馆主动与各区政府、相关街道办事处联系，积极寻找建设社区分馆的合作伙伴。经过半年多的艰苦工作，在 2005 年 10 月与沧浪区政府合作开设了第一所直接管理的分馆——沧浪少儿分馆。在第一个分馆合作成功的示范下，一些区政府、街道办事处纷纷主动与苏州图书馆联系合作建设分馆，至 2007 年年底，共建成了 10 所分馆。这些分馆均为新建且以合作方式存在，合作条件是：对方提供馆舍、装修、设备，并提供年度物业费用，向苏州图书馆每年提供 5 万～8 万元的人员和购书经费；苏州图书馆安装管理系统、委派工作人员、提供

分馆初始藏书并定期补充调配、征订报刊、开通馆藏数字化资源，并负责开放；读者享受免证阅览和免费上网，使用统一的借书证外借图书和音像资料，并实现通借通还。

为了保证分馆的服务质量，苏州图书馆还采取了以下的措施：(1)制定了《社区分馆建设标准》，包括馆舍面积、空间布局、设备清单、开馆时间、资源配置、读者权益等，以规范社区图书馆的建设；(2)在分馆安装了远程监控装置，以便实时了解和掌握分馆的运行情况；(3)完善了网上咨询平台，以便及时解答分馆读者的咨询问题；(4)使用 VPN 虚网，使分馆能够共享总馆的数字化资源，并在分馆的电脑上设置统一的引导界面，读者根据引导可以方便地进入书目检索、电子图书、馆藏数据库资源、政府公开信息、共享工程等栏目；(5)各个社区分馆根据当地的实际需求按每周不少于 50 小时灵活安排开放时间，总馆根据各分馆的读者需求情况，为每个分馆配备 7 000 册初始藏书，不少于 100 种的期刊报纸，3 000 张光盘，每月为分馆调配 400 至 500 册图书，部分是新书，部分是周转书，确保资源的丰富和更新；(6)向分馆派遣的工作人员均是在总馆已经工作过一段时间、具有较为熟练技能的员工；(7)建立与合作单位的定期恳谈制度；(8)将讲座、读书活动延伸进社区分馆。

继沧浪少儿分馆之后，金阊分馆、相城分馆、胥江实验中学分馆等一批分馆先后建成开放。从 2009 年 10 月起，苏州图书馆分馆的到馆读者人次超过了总馆。2010 年，苏州图书馆到馆读者总人数超过了 531 万人次，是 2005 年的 3.6 倍，这其中，分馆的到馆读者人次达到了全馆到馆读者人次的 60%。

2007 年 11 月金阊分馆的启动是苏州图书馆总分馆体系的重大突破。金阊分馆也是按自下而上的全委托模式建设，其委托者是金阊区政府。苏州图书馆与金阊区政府的协议规定，金阊区图书馆委托给苏州图书馆管理，区政府每年向苏州图书馆支付 8 万元人员经费(4 个合同制职工)和 10 万元年度购书经费，承担所有物业费用，另外一次性支付给苏州图书馆 5 万元资金和 1 万册图书，作为开馆馆藏。苏州图书馆除了承担金阊图书馆的软件安装、图书采购、分编、配送、参考咨询等集中业务外，还派出一名在编职工担任分馆负责人，保证图书馆每天开放 12 小时。

苏州图书馆各分馆秉承苏州图书馆"平等、免费、专业、礼貌、高效"的服务理念，遵循苏州图书馆通借通还、资源共享的服务模式。办理苏州图书馆读者证、少儿证的市民可免费借阅馆藏图书、音像资料，享受全市范围内的通借通还、图书预约、短信提醒等服务。此外，读者可免证、免费阅览所有馆藏、上网冲浪、电子信息资源、海量电子图书、涵盖多种学科的专业数据库、在线影视。作为"全国文化信息资源共享工程"基层服务点的分馆提供相应的基层文化信息服务。同时，为了多方面、多层次地丰富居民文化生活，各分馆不定期地开展各种读者活动，如"苏州大讲坛"进分馆，举办面向读者的各类讲座。

在总分馆建设过程中，苏州图书馆成功创立了"动态资产权"基础上的物流和通借通还。为在通借通还中顺利实现 A 馆图书还到 B 馆后在 B 馆继续流通，苏州图书馆及其分馆的做法是，让资产权与图书一起流动：馆藏地点即为产权地点，总馆将书调拨到哪里或读者将书归还到哪里，图书的资产权就"流动"到哪里；对于因异地借还而"流动"的图书，系统将根据读者的还书地点自动变更其资产权记录，使其作为接受还书的图书馆资产，在当地继续流通，从而解决了通借通还中的物流问题，既提高了图书馆之间资源共享的效率，也方便了读者。

"孵化"式馆员培训也是苏州图书馆总分馆建设的重要组成部分。苏州图书馆分馆的工作人员由总馆派出，接受总馆领导。总馆从本馆有经验的合同制员工中挑选配备分馆人员；新员工总是先聘于总馆，待专业技能成熟后才有机会被派往分馆。苏州图书馆通过这样的机制，确保了分馆馆员的水平。

按照公共图书馆"总分馆"的建设运行模式，截至 2012 年 2 月，苏州全市共有市级图书馆分馆 36 个，县级市图书馆分馆 90 个。各县级市建制镇、非建制镇图书馆分馆建设基本实现全覆盖；在基本实现全市各行政村(农村社区)农家书屋全覆盖的基础上，苏州市还开展了"四位一体"(村图书室、农家书屋、党员远程教育、文化信息共享)农村综合信息服务体系建设试点工作，惠及全民的公共图书馆和文化信息资源共享工程建设成效显著。2007 年苏州图书馆的总分馆建设荣获国家文化部授予的"全国第十四届群星(服务)奖"称号。

【分析点评】

苏州的总分馆是一种合作模式。苏州图书馆作为总馆，与各个分馆所在地政府签订合同，接受委托，由分馆所在地政府提供分馆的馆舍、装修、设备、物业费用，并支付年度委托费用；由苏州图书馆派遣工作人员、提供文献资源、负责开放，创建了国内公共图书馆总分馆建设中的"苏州模式"。"苏州模式"突破现行体制障碍，打破了一级政府建一个图书馆的传统做法，以合作的方式实现统一管理、统一标准、统一调配、通还通借。总馆和所有分馆都实行免证阅览、免费办证、免费上网、通借通还、预约借书，读者可以在分馆直接使用总馆的电子图书和数据库，在网上进行参考咨询，总馆还把讲座、展览、读书活动延伸至分馆。

"身边的图书馆最亲切!"苏州图书馆总分馆建设过程中所体现的职业创新、理念坚持以及领导智慧令人钦佩。

【资料来源】

1. 于良芝，邱冠华. 构建覆盖全社会的公共图书馆服务体系//中国公共图书馆发展蓝皮书（2010）. 深圳：海天出版社，2010.

2. 邱冠华. 苏州城区总分馆建设的实践与思考[J]. 图书情报工作，2009(1).

3. 邱冠华，于良芝，许晓霞. 覆盖全社会的公共图书馆服务体系：模式、技术支撑与方案[M]. 北京：北京图书馆出版社，2008.

4. 于良芝. 为了普遍均等的图书馆服务——评苏州图书馆的分馆建设[J]. 国家图书馆学刊，2007(3).

四、让城乡居民同享文化权益——嘉兴市总分馆模式

嘉兴是浙江省较为富裕的地市之一，城乡居民收入比不到2：1，而且农民收入的增幅多年超过城镇居民。城乡居民的收入差距变小了，但受城乡二元结构的影响，城乡文化鸿沟却未因此而缩小，公共图书馆服务水平在城乡之间存在着明显的差距。为在较短时间内解决城乡文化资源不均衡问题，嘉兴市政府通过市本级财力的示范和拉动，带动各级财政和社会力量加大对公共文化事业尤其是农村公共文化服务体系的投入力度。从2005年起，嘉兴市开始着手建立健全行政推动、多元投入、城乡互动、文化共享和文化激励五大机制，积极统筹全市文化建设均衡发展，以切实保障广大城乡居民的基本文化权益。

2007年以来，嘉兴市委、市政府将图书馆乡镇分馆建设作为文化大市建设的一项重要工作，列入市区民生工程之一，积极探索城乡一体化公共图书馆服务体系模式。2007年下半年，嘉兴市

在余新镇和王江泾镇先后启动乡镇分馆试点工作，探索在全市建立以市、县级图书馆为中心，以图书馆乡镇分馆为纽带，以村（社区）图书室和图书流动车为基础，以企业、学校、部队等行业系统图书馆联合加盟为补充，覆盖全市、城乡一体、功能完善、资源共享、管理规范的新型公共图书馆服务体系。

新型公共图书馆服务体系建立，首先是观念的更新。嘉兴市图书馆建设者们意识到，一个图书馆要想真正吸引读者，每年至少应该更新馆藏1/8的图书，而这对于乡镇图书馆来说是一笔巨大开销。他们考虑在乡镇图书馆之间建立起一张"网"，让每个馆之间的图书资源可以流动起来，而这张"网"的背后应该有嘉兴市图书馆这个强大的后盾做支撑。基于这样的思考，嘉兴市图书馆在2007年开始探索一种总分馆模式下的新型公共图书馆服务体系——"就像开连锁超市一样开图书馆"，原来独立的乡镇图书室摇身变成了市图书馆的分馆，资源上可以共享市图书馆强大的图书、网络资源，并由市图书馆下派有经验的管理者去做分馆馆长；打破城乡二元体制的藩篱，创建城乡一体化的公共图书馆服务网络，有了这样新型的乡镇图书馆，村民读书、借书可以不出乡镇就享受到和城市一样的图书资源。

嘉兴市采取"三级投入"和"集中管理"的保障措施，确保城乡一体化公共图书馆服务体系的建设和稳步推进。经费投入方面，每个乡镇分馆的开馆经费为30万元左右，由市、区、镇三级财政各负担10万元，不足部分原则上由镇财政负责解决。市财政按每开办1个乡镇分馆30万元的标准，给予市图书馆经费补助，专项用于新建乡镇分馆的图书购置。乡镇分馆年运行经费由市、区、镇三级政府共同投入。嘉兴市财政按照每年每个分馆10万元的标准，给予总馆经费补助，专项用于分馆图书、期刊资源等的添置；区财政按照每年每个分馆10万元的标准，给予分馆经费补助，主要用于分馆设备添置、更新、维修及消耗件补充，以及鼓励分馆晚上和节假日开放，开展各种形式的读者活动的支出；镇财政负责分馆日常运行(如水电、通信、办公等)、馆舍维护及由当地配备的管理人员的工资等费用。

在管理方面，嘉兴市图书馆作为总馆，负责管理乡镇分馆的经费、人员、设备、资源建设和相关业务活动：(1)根据总分馆制基本任务要求，研究制定并组织实施总分馆长远发展规划和短期工作计划；(2)研究制定乡镇分馆各业务工作标准和规则；(3)根据总分馆制具体任务要求，组织落实统一采购、集中编目、通借通还、数字资源库建设、资源共享等工作任务，向各乡镇分馆派出分馆馆长，管理日常运行并充分发挥分馆社会效益，切实履行对分馆业务工作的领导和管理职能；(4)由市图书馆建立统一的网络信息平台，提供计算机集成系统和网络系统的技术支持和维护等工作；(5)组织建立嘉兴市图书馆统一平台的书目查询系统，强化市总馆和县(市)馆及乡镇分馆之间的信息存取和利用功能；(6)组织建立文献物流传递系统，合理周转总分馆之间的文献资源，最大限度地满足读者的需求，实现资源共享；(7)开展网上参考咨询服务，解答乡镇分馆读者及工作人员的疑难问题；(8)对乡镇分馆人员免费进行业务培训和考核；(9)根据有关规定，负责管理乡镇分馆的经费、人员、设备及资源；(10)协助完成对乡镇分馆的验收和考核。

按照集中管理的机制，嘉兴市在总分馆体系内实现了文献资源由总馆统一采购、统一编目、统一配送，实现了文献资源的统一流通、统一检索、通借通还。市图书馆组建了统一的采编中心，开发了统一的检索系统，建立了物流传递系统。全市总分馆体系中的文献资源，至少每3个月通过流动更新一次。在总分馆体系内还建设统一的计算机网络平台，实现书目检索、数字资源的共享共用。

2008年，通过"一卡通"工程，嘉兴市在乡镇分馆与总馆之间实行了一卡通行，读者可在嘉兴市各公共图书馆通过计算机检索到各馆书目，凭借"一卡通"可以实现多馆借书，通借通还。总分馆体系内的所有图书馆还实现了5项免费，即免费办证、免费借阅、免费查询、免费上网、免费参加活动。

经过几年的建设，嘉兴市城乡一体化图书馆服务体系建设取得了一系列的成果，全市已建成54个乡镇分馆，基本实现乡镇分馆全覆盖；2009年年底，嘉兴市本级村（社区）图书分馆试点工作启动，截至2011年第二季度已经建成一卡通行、通借通还的村（社区）分馆15个；以"合作共享"为目标，以各系统图书馆合作共建为基础的嘉兴数字图书馆于2010年年底顺利开通。城乡公共图书馆服务体系建设的推进，丰富了广大农民群众的文化生活，优化了社会文化环境，促进了农民群众文明素质的提高。

2009年4月，文化部领导评价嘉兴市市、镇、村三级公共图书馆网络服务体系让城乡居民享有同等文化权益，属全国首创。2009年6月，时任中共中央政治局常委李长春来嘉兴调研，称赞嘉兴市构建城乡一体化公共图书馆服务体系的做法是公共文化服务模式的一个创新，值得在全国推广。2011年5月，嘉兴市城乡一体化公共图书馆服务体系建设成为文化部和财政部公布的第一批创建国家公共文化服务体系示范项目。

【分析点评】

嘉兴市致力于城乡一体化公共图书馆服务体系建设，采取"政府主导、统筹规划、多级投入、集中管理、资源共享、服务创新"的图书馆总分馆建设模式，突破体制约束，实现各级图书馆人、财、物统一管理、统一采购、统一编目、统一配送、通借通还，建立起城乡一体化的公共图书馆服务网络，所有城乡居民免费办证、免费借阅、免费查询、免费上网（局域网）、免费参加活动，切实解决农民群众看书难的问题。

嘉兴市将建设公共图书馆服务体系从行业行为提升为政府行为，确保政府主导成为公共图书馆服务网络建设的重要支撑，并因地制宜、创造性地确立了"多级投入、集中管理、资源共享"的推进模式，成功激活了乡镇图书馆，消除了图书馆服务的城乡差别，为乡镇居民提供了与城市居民一致的阅读条件，让城乡人民群众共享文化成果成为现实。

【资料来源】

1. 嘉兴市图书馆乡镇分馆管理暂行办法［EB/OL］.［2011-12-13］. http://ww. jxlib. com/upfile/090513132012347. doc.

2. 嘉兴市构建城乡一体化公共图书馆服务体系的实施意见［EB/OL］.［2011-12-13］. http://ww. jxlib. com/upfile/09051313243581. doc.

3. 李国新. 公共图书馆的"嘉兴模式"［N］. 中国文化报，2008-09-21.

4. 浙江嘉兴坚持多元投入统筹城乡文化发展［EB/OL］.［2011-12-13］. http://www. gmw. cn/01gmrb/2009-02/24/content_890619. htm.

5. 浙江省嘉兴市新型公共图书馆服务体系让百姓读书不再难［EB/OL］.［2011-12-13］. http://ww. jxlib. com/NewsContent. aspx? ID=142.

五、"1＋1＞2"——佛山市禅城区联合图书馆服务

禅城区是佛山市辖的一个中心城区。佛山经济的发展依赖于

传统的支柱产业和越来越专业化的镇街经济，而禅城区下属镇或街道经过多年的发展，已形成极富知名度和实力的专业镇街经济。禅城区三街一镇均有各自的产业特点，不锈钢、童装、陶瓷三个产业的产值均占国内同行业产值的 1/3 左右。因此，结合当地镇街地域特点和产业优势建设一批专业分馆，探索出一条公共图书馆专业化服务的新路子，就成为佛山市禅城区联合图书馆建设的重要课题。

2002 年佛山市行政区划调整之后，禅城区图书馆服务面积扩大到原来的 3 倍，服务人口增加近 5 倍，原有的馆舍仅 2 000 多平方米，迫切需要扩大图书馆规模和服务面积。为满足广大市民的需要，2002 年 9 月，禅城区联合图书馆参考国外先进的办馆模式，提出了建设禅城区联合图书馆的规划和设想。

禅城区联合图书馆的规划和构想一经提出，立即得到了上级领导和主管部门的支持。2002 年年底，区政府决定将原城区文化馆的馆舍划归禅城区图书馆，禅城区联合图书馆第一家分馆"禅城区联合图书馆——少儿分馆"得以挂牌成立。2003 年年底，原佛山市委书记黄龙云对联合图书馆方案产生了浓厚兴趣，并亲自部署在全市推广。

禅城区联合图书馆的主要设想是：(1)总体目标：到 2010 年建成主馆 1 个、分馆 6~8 个的小型图书馆群；合理布局图书馆网点，达到每 10 万常住人口拥有一座公共图书馆。(2)运行模式：采取主分馆制，多方投资、统一管理。多方投资是指以区财政投入为主导，动员街道和社区财政参与，发动企业和其他社会力量投入；统一管理是指所有分馆使用统一的技术平台和资源，提供一致的服务模式，管理人员统一由主馆派出，所有分馆，无论是由谁投资，无论冠以什么名，它的管理权在主馆，运作经费由主馆集中控制。(3)服务特点：统一标识、突出分馆特色。各分馆虽然所处地域不同、建筑风格和环境不同，但外观和装修格调必须统一，采取统一的标识（LOGO）和名称，即统一使用"禅城区联合图书馆——××分馆"，分馆名称可根据投资人或地域特征等命名。(4)强调分馆的资源特色。禅城区下属各镇或街道已形成极富知名度和实力的专业镇经济特色，分馆应根据所在地的产业优势和地域特点，在资源收集、服务方式等方面办出各自的特色，开展针对性的服务，强化图书馆与政府、企事业单位及个人的紧密合作，从而提高服务效益。

2003 年年底，禅城区联合图书馆第一分馆"少年儿童图书馆"挂牌成立；2005 年 6 月，禅城区联合图书馆第二分馆"澜石金属图书馆"建成并对外开放；2006 年 3 月，禅城区联合图书馆第三分馆"环市童装图书馆"顺利开馆；2007 年 6 月，禅城区联合图书馆第四分馆"张槎图书馆"正式对外开放；2009 年 12 月张槎中心小学图书馆正式开放，成为第五家分馆。至此，佛山市禅城区形成一主馆五分馆联合图书馆体系。佛山市禅城区联合图书馆主馆和分馆采用统一的技术平台，通借通还，资源共享，人员统一调配，经费统一控制。主馆为各分馆服务提供业务统筹、协调和保障，包括工作人员培训、配备，书刊资料集中采编、统一分配、资源共享，大型活动组织和实施，各分馆的技术支持等。分馆则主要承担日常开放、开展专业服务，包括参考咨询、定题服务等。

以澜石金属图书馆为例，可窥视禅城区联合图书馆在筹建、管理、资源与服务方面的创新。澜石金属图书馆位于"澜石国际金属（不锈钢）交易中心"内，建筑面积近 2 000 平方米，由禅城区辖下的澜石街道办负责投资兴建，馆舍所有权归属于澜石街道办；作为区联合图书馆的分馆，管理权完全交由禅城区图书馆负责，街道只能协助，不得干预；分馆的运作经费则由区政府直接下拨给禅城区图书馆，实行所有权与管理权的完全分离。澜石街道办对城市文化建设与禅城区图书馆服务宗旨的高度认同、区政府各部门的积极配合以及禅城区图书馆的多方协调，是澜石馆得以顺利建成开放的主要原因。澜石是中国唯一的不锈钢名镇和省级不锈钢专业镇，也是全国最大的不锈钢材料和产品集散地，年不锈钢交易量占全国总交易量的1/3。在各方努力下，街道办认同禅城区联合图书馆的办馆宗旨，支持以文化魅力激活产业、以文化品牌促进产业的观点，并给予了较大的经济支持，在每平方米月租达50元的交易中心内划拨近2 000平方米作为图书馆馆舍，其建筑格调和布局均依照图书馆的业务要求来设计和完成。按照联合图书馆的规划和构想，禅城区图书馆把澜石馆的服务特色定位于：在承担社区图书馆为公众提供平等服务任务的同时，力争办成国内最大和最具权威的不锈钢有色金属专业图书馆。目前，澜石金属图书馆已经成为国内重要的不锈钢金属信息中心，成为国内有影响力的有色金属专业图书馆，也成为澜石街道市民的社区文化中心。

禅城区的图书馆建设者们认为城市公共图书馆事业发展成熟的标志，应该是图书馆服务体系的完善和服务覆盖率的提升。只有在城市中优先发展中小型图书馆，创办一批贴近老百姓、利用方便、服务灵活的图书馆，实现公共图书馆的社区化、普及化，才能更好地体现图书馆的社会功能和社会价值。[①] 在这种思想的指导下，禅城区联合图书馆结合实际，在办馆理念方面，探索了一条政府主导、多方投资、社会合作的办馆模式；在管理方式方面，开拓了区域性的总分馆制模式，实现了人财物的集中调配和管理，所有权与管理权的高度统一；在服务模式方面，较好地融合了公共图书馆和专业图书馆的服务功能，将分馆建设与镇街产

---

① 图书馆服务也能创出品牌——访佛山市禅城区图书馆馆长屈义华先生[J]. 国家图书馆学刊，2007(02).

业相结合，打造专业化的社区公共图书馆。^① 由于在模式创新和服务创新方面效果显著，禅城区联合图书馆广受业界称赞，被誉为迄今为止我国公共图书馆岭南模式的典范。

【分析点评】

佛山市禅城区联合图书馆是根据禅城区人口分布状况、各街道（镇）产业特点，分别建立的一批布局合理、深入社区、贴近市民的中小型公共图书馆群，在满足各街道（镇）产业发展对专业文献和信息需求的基础上，提供社区图书馆服务。禅城区联合图书馆的主要特征是管理统一、服务统一、标志统一、资源高度共享，从而形成主分馆制的图书馆服务体系。

由于我国实行"分灶吃饭"的财政体制，一级政府建设一级公共图书馆，不能完全实行国际通行的图书馆总分馆制。禅城区图书馆有效地应对了这一体制性问题，通过争取区政府认同，基本上实现了总分馆的建设主体和主管部门同一化，在统一管理的机制下，充分发挥了主馆和分馆的作用，实现了联合效应。禅城区图书馆开创了由政府主导、多级政府及社会力量联合出资办馆、由主馆统一管理的"联合图书馆"模式，灵活地实现了以总分馆制的模式提供公共图书馆服务的效果，是我国公共图书馆服务体系建设的成功范例。

【资料来源】

1. 佛山市禅城区联合图书馆建设[EB/OL]. [2011-12-13]. http://www.cclib.cn/page/6.htm.

---

① 图书馆服务也能创出品牌——访佛山市禅城区图书馆馆长屈义华先生[J]. 国家图书馆学刊，2007(02).

2. 屈义华. 公共图书馆服务创新——佛山市禅城区"联合图书馆"的实践与思考[J]. 图书馆论坛，2005(6).

3. 中共佛山市禅城区委、佛山市禅城区人民政府关于佛山市禅城区"联合图书馆"建设方案[EB/OL]. [2011-12-13]. http://www.cclib.cn/page/6-02.html.

4. 田碧. 总分馆体系打破"分灶吃饭"格局[N]. 中国文化报，2007-12-12.

5. 万文晴. 禅城区联合图书馆的专业化服务[J]. 图书馆建设，2008(8).

六、市民大书房——优质便捷高效的香港公共图书馆系统

中国香港地区是世界上经济最自由、最开放和最具竞争力的地区之一。1997 年回归祖国后的香港地区，实行"一国两制"方针，保持回归前的政治制度五十年不变，香港地区成为中国一个享有高度自治权的特别行政区。

香港公共图书馆服务回溯至 1962 年的香港中环大会堂图书馆的启用伊始，距今已有半个世纪的历史。香港公共图书馆系统目前由 1 个中央图书馆、5 个主要图书馆、28 个分区图书馆、32 个小型图书馆、10 个流动图书馆及 92 个流动图书馆服务站组成。这些不同规模、类型的服务点平均分布于香港地区各个区域，并经由图书馆自动化系统连接起来，为不同年龄及不同界别的读者提供方便快捷的多元化图书馆服务。香港公共图书馆的发展目标是成为资讯中心、持续教育的工具、推广香港文学活动和文学研究的中心、休闲去处以及社区文化中心，免费提供丰富的图书馆资源和服务，满足市民在知识、资讯、研究和休闲消遣方面的需求，并借以支援终身学习和持续教育，同时还致力于推广阅读和文学艺术活动，并为不同年龄的读者举办各类丰富多彩的图书馆

活动。①

于 2001 年 5 月建设落成的香港中央图书馆是香港公共图书馆服务的重要里程碑，既是香港地区最具规模的公共图书馆和主要资讯中心，亦是香港公共图书馆系统的行政总部。

目前，香港公共图书馆馆藏共有 1 234 万项，包括书籍、视听资料、报章、期刊、唯读光碟数据库、缩微资料及地图等，涵盖各个学科的广阔知识领域。香港公共图书馆还自行开发独具创意的多媒体资讯系统（MMIS），为读者提供一站式的全文检索服务。资讯系统内容包括超过二百多万页的数字化图片和文献资料如电子书、香港旧报纸、地图、海报、场刊和手稿等；以及超过三千多小时的数字化视听资料包括影视歌曲、动画等；还有约十万张唯读光盘资料以及八十多个不同主题的电子数据库。这些资料可以在中央图书馆和分区图书馆提供的电脑工作站直接使用，有些已获版权许可的资源还可以在家中浏览，检索资料十分方便。

香港地区的公共图书馆服务由康乐及文化事务署（以下简称康文署）提供。香港特别行政区政府的主要施政和行政工作由 3 个司、其辖下的 12 个决策局和 61 个部门机构执行，康文署直属于政务司下的民政事务局，民政事务局还包括政府新闻处、法律援助署等。康文署下设康乐事务部和文化事务部，其中文化事务部包括图书馆及发展科、演艺科、文物及博物科，分别由三位助理署长负责。图书馆及发展科除了全面策划及管理香港公共图书馆的图书馆组外，还包括研究及发展组、音乐事务处和体育馆、票务及特别职务三个部门。其助理署长负责制定、统筹和发展图书馆推广活动及音乐训练活动，监督所有公共图书馆、书刊注册组、音乐事务处、城市电脑售票网系统、室内体育馆的运作，以及筹

---

① 香港公共图书馆简介［EB/OL］.［2011-11-21］. http://sc.lcsd.gov.hk/gb/www.hkpl.gov.hk/tc_chi/aboutus/aboutus_intro/aboutus_intro.html.

划新公共图书馆。

中国香港地区于 2008 年 5 月成立了公共图书馆咨询委员会，其咨询范畴包括：制定图书馆设施和服务的发展策略和措施，以履行香港公共图书馆较广阔的文化使命；香港中央图书馆的角色、功能和管理；以及鼓励社会支持并与各界合作推广阅读风气、终身学习和文学艺术。咨询委员会任期两年，获委任的成员包括专业人士、学者、社区人士及政府代表。

在图书馆规划方面，康文署根据规划署制定的《香港规划标准与准则》所订下的指引筹划新图书馆，即为每二十万人口设立一所分区图书馆。为进一步把地区图书馆发展为地区的社区学习和阅读中心，让图书馆服务更广泛深入至社区各个层面，方便、丰富各区市民的文化生活，香港公共图书馆于 2005 年 12 月开始，在"团体借阅服务"的基础上，推出"便利图书站社区图书馆伙伴计划"①，与社区内非谋利组织联系，除提供书籍外，各图书馆馆长会为参与计划的团体，在藏书种类、数量及"便利图书站"运作方面提供专业的服务和意见。同时还透过区议会参与管理图书馆计划，积极与地区团体合作以推动图书馆的服务和发展，不时与其他机构合作拓展图书馆服务，例如在图书馆或区内机构举办适合青少年、长者、少数族裔人士等的活动。该计划自推出至 2008 年 4 月，总外借量约近一百万项，共有 54 间社区图书馆为居民提供服务。小型社区图书馆一般藏书 100 多本，较大型的甚至达到 2 000 多本。不同类型的图书馆可为不同的读者提供互利互补的服务，利用现有的资源和结合地区的力量包括区议会及地区团体，全面推行"社区图书馆伙伴计划"，可以共同提高社区阅读风气。

---

① 郑学仁. 便利图书站——香港的社区图书馆经验[J]. 图书馆建设，2008(1)：15－18.

香港公共图书馆实行一体化管理，设有独立的采编中心，负责整个公共图书馆系统的文献的集中统一采购、编目、加工和调配，节省了图书馆采编工作的许多重复劳动，提高了工作效率，促进了资源共享。读者可以在任意一间公共图书馆借阅和归还文献。除了图书文献资源共享以外，对于取得授权的数据库、电子图书及影音资料等，均可以互相通用。作为隶属于康乐及文化事务署机构的公共图书馆部门，所有费用支出统一归政府划拨，收入也统一上缴政府。康乐及文化事务署授权公共图书馆馆长运营图书馆，每个财政年度可根据实际情况和需要，做出年度预算报告，报香港特区政府审批。

香港公共图书馆人员管理上分为专业职系和非专业职系。其中专业职系都属于公务员，实行公务员管理制度，需经过严格的公务员考试及审核，占员工人数的20%。非专业职系包括前线员工和支援员工。鉴于目前的人事编制体系，前线员工也有部分是公务员，其余则属于合约制雇员。

【分析点评】

香港公共图书馆以提供资讯、支援终身学习、丰富市民文化生活为使命，推广本港的文学艺术及阅读风气。香港公共图书馆由康文署统筹，并没有一个行使地区图书馆管理中心职能的总馆，而是由政府职能部门负责此项管理工作。严格地说，中国香港特区实行的是政府一体化管理，而不是通常意义上的总分馆制。但在运行机制上，与总分馆制如出一辙，甚至更胜一筹。所有经费由康文署统一管理、统一调配，所有费用支出统一归政府划拨，收入也统一上缴政府，康文署授权公共图书馆馆长运营图书馆，每个财政年度可根据实际情况和需要，做出年度预算报告，报香港政府审批。凡持有效证件的读者可以前往全港任何一家公共图书馆借阅和归还图书馆资料。在人员管理上，同样实行一体化管理，各馆人员可相互流动，工资由康文署统一负担，所有图书统购统编，有效地避免了浪费，提高了工作效率。由于建立了完善的管理机制和服务机制，香港公共图书馆服务效益显著，资源得到充分利用，投入得到了高效回报，依托于其完善的公共图书馆服务网络，使其成为名副其实的市民图书馆。

"伐柯伐柯，其则不远"，香港公共图书馆的模式和经验是我们最好的借鉴。

【资料来源】

1. 香港公共图书馆简介［EB/OL］．［2011-11-21］．http://sc. lcsd. gov. hk/gb/www. hkpl. gov. hk/tc_chi/aboutus/aboutus_intro/aboutus_intro. html.

2. 郑学仁. 便利图书站——香港的社区图书馆经验［J］. 图书馆建设，2008(1)：15—18.

七、历久弥坚的公共图书馆服务系统 ——纽约公共图书馆

纽约公共图书馆和美国国会图书馆、英国大英图书馆、法国国家图书馆并列为世界四大图书馆。纽约市位于美国东部纽约州南端，总人口800多万，是美国最大的城市，也是世界金融中心。纽约市共有三大公共图书馆系统，其中规模最大的一座就是服务于曼哈顿、布朗士区和斯塔藤岛的被称为纽约公共图书馆系统。它不仅是世界上享誉盛名的公共图书馆系统之一，也是美国最重要的研究图书馆系统。同时，它的分馆系统还在纽约人的业余文化生活中占据重要的位置，成为纽约每个社区真正的文化中心。

纽约公共图书馆成立于1895年，是合并当时的阿斯特图书馆

(Astor Library)和莱诺克斯图书馆(Lenox Library)以及曾任纽约州州长的狄尔登(Samuel Jones Tilden)所设立的狄尔登信托基金会(Tilden Trust)而成立。1901 年，纽约免费流通图书馆(New York Free Circulating Library)和纽约公共图书馆合并，由安德鲁·卡内基(Andrew Carnegie)赞助兴建新的图书馆，发展至今已有百余年历史。

纽约公共图书馆已成为美国第二大图书馆，馆藏超过 6 500 万件，订购电子数据库 339 种，以及近百种通过互联网提供的免费数据库。纽约公共图书馆系统由遍布在布朗士区、曼哈顿区和斯塔藤岛的 82 个社区分馆、5 个中心图书馆和 4 个著名的大型研究图书馆组成(其中有两所既是中心图书馆又是研究图书馆)。不同于大多数公共图书馆系统，纽约公共图书馆系统除了 87 个分馆和中心馆提供一般的大众化图书馆服务外，4 个研究图书馆还提供不同特色的研究图书馆服务，依主题分为：人文和社会科学、表演艺术、历史与文化、工业与商业图书馆。①

纽约公共图书馆系统的所有图书馆都是免费向所有不同年龄段的公众开放，主要为居住或工作于纽约地区的 800 多万人口服务。作为大型的纽约公共图书馆系统网络，馆藏以通俗小说及基础研究资料为主，并针对残障人士或失业者提供识字学习、英语指导和其他特殊服务。4 个研究图书馆则形成各自的学科或主题特色以及研究优势，馆藏内容丰富且具深度。

纽约公共图书馆每周开放 6～7 天。平均每周的开放小时数也在逐年递增，社区分馆由 2004 年的 37.1 小时增加到 2008 年的 51.7 小时，研究图书馆由 2004 年的 38.8 小时增加到 2008 年的 47.5 小时。拥有分馆借书证的读者可免费借阅纽约公共图书馆分

---

① 纽约公共图书馆简介 [EB/OL]. [2011-12-05]. http://www.nypl.org/help/about-nypl/history.

馆的图书、期刊、音像资料等流通资料，每人每次可同时外借书籍 25 本，借期 1 个月，只要按时归还即可；研究图书馆的馆藏只可阅览，不外借。持证读者可以从馆外免费获取图书馆订购的成千上万的报纸、期刊和参考书籍的数据信息。

资源建设方面，纽约公共图书馆为降低建立机读目录的成本，加入了美国研究图书馆信息网（Research Libraries Information Network，RLIN），以共同分担费用。信息网的共建共享方式使图书馆可以通过共享目录信息而减少目录加工的成本，同时，读者能够方便地了解文献的收藏地。开展馆际互借可以让图书馆避免不必要的重复采访，同时也扩大了信息网每一成员馆的资料利用。

纽约公共图书馆拥有大型的目录体系，通过目录，读者可以检索到自己所需要的文献，或到公共目录检索区参考咨询台寻求帮助。图书馆员在确认读者所需文献在其所在的图书馆中没有收藏后，便会检索美国研究图书馆信息网的数据库，了解文献是否为某一成员馆所收藏。如果该文献在成员馆中是能够获取的，这一信息将由总馆通过电子邮件的方式通知读者前来获取，或把文献复制件送至读者所在的图书馆。这种服务对于读者来说都是免费的。

根据纽约公共图书馆 2010 年年度报告的数据显示，① 2010 年馆藏流通量达到 2 400 万件，接待读者约 1 800 万人，超过 82 万人参与了 42 000 项免费活动，工作人员回答了 1 400 万条参考咨询问题，持证读者达到 312 万，网站点击 2 500 万次。

---

① 纽约公共图书馆 2010 年年度报告 [EB/OL]. [2011-12-05]. http://www.ny-pl.org/sites/default/files/nypl_ar10_1.pdf.

【分析点评】

纽约公共图书馆是世界上极负盛名的公共图书馆系统之一，是公共图书馆的重要范例。系统内各图书馆相互联网，实行一卡通管理，形成通借通还，总分馆实行统一管理，文献资源配置、经费和人员由总馆负责，藏书也由总馆调配。读者在任何一家图书馆分馆都可以查到任何一个图书馆的目录，一张借书证可以在系统内通用，读者使用很方便。在服务体系建设中合理布局，紧密结合地区实际人口分布情况和经济、社会发展的需要进行科学布局，确保各区域的市民读者就近使用图书馆。在分馆功能设置上，也充分考虑满足区域内读者个性化需求，高度重视提供多元化及移民文化的服务理念，提供除母语外的其他语种文献资料、社区资讯等服务，确保移民能尽快适应新环境，早日融入社会。纽约公共图书馆系统在纽约人的业余文化生活中占据着重要位置，成为纽约每个社区里真正的文化中心。其先进的管理模式、不断创新的服务理念和服务模式，其规模和效益，堪称业界典范。

【资料来源】

1. 孙慧明，倪晓建. 国外城市公共图书馆服务体系建设及其启示[J]，图书馆建设，2011(3)：81—84.

2. 冯洁音，王世伟. 纽约公共图书馆的发展历史与服务管理特点——世界级城市图书馆研究之一[J]，图书馆杂志，2003(3)：61—67.

3. 纽约公共图书馆网站［EB/OL］.［2011-12-05］. http://www.nypl.org/.

第三章　参考与借阅服务

　　服务是图书馆存在的理由，是图书馆一切工作的出发点和归宿。图书馆服务工作的重心也由一般服务向参考咨询服务转变。本章纵览国内外公共图书馆参考咨询服务及借阅服务的现状，从中选取8个颇具影响的典型案例进行介绍和分析，希冀对图书馆工作者有所裨益和借鉴。"网上联合知识导航站"引入专家咨询机制，堪称首创；"联合参考咨询网"将参考咨询与文献传递融为一体，影响深远；美国公共图书馆电话咨询服务不断创新，历久弥新；英国伯明翰中心图书馆企业信息咨询服务专业务实，效益显著；芬兰赫尔辛基城市图书馆"资讯加油站"独辟蹊径，将咨询服务送到车站商场；深圳南山"外来工图书馆"突出特色，贴心服务，效益凸显；新疆图书馆免费网购火车票服务惠民务实，彰显人文关怀；而借书超长逾期的人性化处理案例则为图书馆服务管理提供了一个可资借鉴的成功范例。

一、专家咨询，跨境合作——"网上联合知识导航站"参考咨询服务

　　"网上联合知识导航站"是在初步实现上海市文献资源共建共享的基础上，由上海图书馆牵头并联合上海地区公共、科研、高校图书馆及相关机构，率先在我国推出的一个旨在向各专业技术和研究人员及以广大读者提供高质量知识导航的新型咨询服务项目。它建立在各类图书馆和科研机构馆藏资源基础上，以网络丰富的信息资源和各种信息搜寻技术为依托，以来自上海、全国各地以及海外图书情报界资深参考馆员和行业专家为网上知识导航

员，通过加强特色馆藏资源和网络信息资源的开发和利用，实现各类图书馆网上参考咨询服务的优势互补，充分发挥图书馆在知识经济社会中为各行业服务的知识导航作用。

2001 年 5 月，上海图书馆推出"网上联合知识导航站"。导航站的特色是"专家咨询、跨境合作"，其服务理念是建设研究型的参考咨询网站，突出专家导航特色，构建以有专业背景的学科专家为中心的参考咨询服务体系。"导航站"的咨询馆员由上海地区公共、科研、高校图书馆及以我国香港特区、澳门特区、新加坡、美国纽约等地图书馆资深馆员和行业专家组成，实行实名咨询。截至 2011 年，导航站共有各类咨询专家 98 人，其中上海图书馆专家 44 人，全国各地图书馆专家 42 人，国外专家 12 人。在咨询服务质量上，导航站的咨询馆员不仅为读者提供文献线索，而且在深入解答咨询的同时提供信息的来源和解答思路，介绍检索途径、检索方法，帮助读者提高利用信息资源的技能，起到知识导航的作用。跨境合作是导航站的又一大特色。"网上联合知识导航站"不仅与南京图书馆、浙江图书馆、苏州图书馆、无锡图书馆、宁波图书馆、上海社会科学院等 12 家图书馆和研究机构进行合作开展咨询服务，导航站还与香港岭南大学、澳门大学图书馆、澳门中央图书馆、新加坡国家图书馆、美国纽约皇后区图书馆等开展了跨境合作，联合开展网上参考咨询服务。导航站开通了中文、英文双语咨询服务平台，为外文咨询读者或对中国有兴趣的外国读者提供参考咨询服务，体现了"网上联合知识导航站"平台的开放性和国际化发展趋势。

"网上联合知识导航站"坚持惠及大众、优质便捷、公益服务的发展理念，坚持文献资源、人才资源共建共享的发展方向，坚持自主创新、品牌效应的发展模式，利用计算机和网络技术将图书馆传统的参考咨询服务通过网络送到千家万户，通过各地图书馆和专家在网上的联合参考咨询服务有效地提高了图书情报机构馆藏资源的利用率。2004—2011年，"网上联合知识导航站"入库咨询数量为28 644条。2005年7月，导航站进行了系统升级，保证每天为读者提供网上实时咨询服务。由于服务到位、质量合格，导航站的日平均提问数由初建时的2～3问，发展到每天40问左右，导航站的咨询回复时间也由原来的48小时缩短至不足20个小时。"网上联合知识导航站"通过联合各地图书馆的资源，调动社会的专家资源，加强各图书馆间的合作和共享，以其优质的服务在社会上产生了巨大的影响，在读者中赢得了较高的声誉，2007年荣获我国政府文化服务最高奖——文化部"群星奖"。"网上联合知识导航站"开创了我国公共图书馆合作化数字参考咨询服务的先河，成为国内颇具规模和影响的网上虚拟参考咨询服务品牌。

【分析点评】

"网上联合知识导航站"自2001年开通以来，不断进行技术创新、服务创新和管理创新。在技术上开发新的功能，使业务方式、后台管理和知识库建设实现新的突破；在服务上引进专家咨询模式，联合国内外图书馆的资源和力量，扩展了服务范围和深度；在管理上实行抢答补答机制、咨询人员分级管理和知识库管理，有效提升了咨询服务的效率和质量。"网上联合知识导航站"是我国图书馆界极具规模和影响力的参考咨询服务项目，是分布式联合虚拟参考咨询项目的成功范例。

"网上联合知识导航站"之所以取得令人瞩目的成就，主要是走出了一条联合发展、创新发展之路。与国内及世界各地图书馆的合作，使导航站倍增了资源和服务优势，极大地扩展了服务范围和能力；在技术、服务和管理上不断创新，使导航站与时俱进，不断增强活力和发展能力，从而引领业界潮流。

【资料来源】

1. 网上联合知识导航站主页．［2011-11-08］．http://zsdh．library．sh．cn：8080/userIndex．jsp．

2. 尹倬．合作式数字参考咨询系统的比较研究——以"网上联合知识导航站"和"联合参考咨询网"为例［J］．图书馆工作与研究，2009(8)：70－73．

3. 龚剑．对网上参考咨询服务平台的分析——以上海图书馆"网上联合知识导航站"为例［J］．农业图书情报学刊，2007(7)：23－25．

二、合作共享，远程传递——"联合参考咨询网"参考咨询服务

2006 年的一天，一位读者在给某图书馆咨询网站的来信中说："感谢联合参考咨询网不收费的决定，给没有任何背景、没有良好学习环境的普通大众提供了一个公开健康的公共信息空间，使每一个热爱生活、热爱知识的人获得改变命运的机会！"这位读者所说的图书馆咨询网就是"联合参考咨询网"。

"联合参考咨询网"（UCDRS）是在全国文化信息资源共享工程国家中心的指导下，以广东省立中山图书馆为中心馆，由我国公共图书馆合作建立的公益性服务机构，其宗旨是以数字图书馆馆藏资源为基础，以互联网的丰富信息资源和各种信息搜寻技术为依托，为社会提供免费的网上参考咨询和文献远程传递服务。联合参考咨询网的前身为广东省立中山图书馆的网上参考咨询服务中心，2001 年 8 月开通服务。2005 年 3 月，由广东省立中山图书

馆牵头，联合国内十几家公共图书馆共同组建并开通了"联合参考咨询网"。到 2011 年，联合参考咨询网加盟成员馆已达 84 家，其中公共图书馆 60 家，高校图书馆 20 家，科研图书馆 4 家，遍及全国 16 个省市，拥有在册咨询馆员 746 人。各成员馆根据统一规划、统一标准、合作建设、协调管理的原则积极开展网上参考咨询服务，努力实现优势互补、资源共享，以促进业务、提高效率和增强实力。经过几年的发展，联合参考咨询网已成为我国公共图书馆规模最大、影响最为广泛的合作式数字参考咨询服务系统。

联合参考咨询网采用分布式的架构，系统功能强大，智能化水平高，读者界面友好、易用，较好地满足了读者和咨询馆员在使用过程中的个性化需求。其系统功能的主要特点有：数字图书馆基本功能的集成和无缝链接；检索工具与咨询平台的紧密结合；自动建库和检索功能；全国范围的实时更新和调度功能；多渠道全方位的咨询服务方式，可提供表单咨询、实时咨询、电话咨询和手机咨询等多种形式供读者使用；全面的网上参考质量控制系统；建立了异构咨询平台的网关系统；个性化与高效相结合；具有强大的统计功能和网上发布功能，从而构建了一个真正意义上的网络式参考咨询服务平台。

合作共享是联合参考咨询网的显著特点。合作是基础，共享是目的。联合参考咨询网在与各成员馆密切合作的基础上实现了资源、系统、人才的共享。联合参考咨询网拥有我国目前最大规模的中文数字化资源库群：各种类型数据库 30 多个，电子图书 90 万种，期刊论文 3 000 多万篇，博硕士论文 80 万篇，会议论文 17 万篇，外文期刊论文 500 万篇，国家标准和行业标准 7 万件，专利说明书 86 万件，建立了拥有 230 万条元数据的数字图书馆搜索引擎，还有各成员馆数量众多的地方文献数据库和特色数据库。所有中心馆和成员馆的数字资源都实现了资源共享，在本网内以

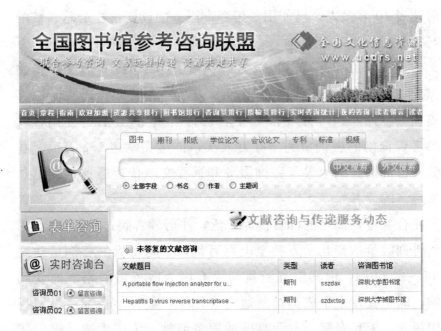

联合参考咨询网首页

合理利用的方式提供给读者免费使用。联合参考咨询网倡导"读者共享"的理念和做法，即任何一位读者在某个成员馆注册和登录成功，就被自动认同为本网读者，可以得到所有成员馆的免费咨询服务。联合参考咨询网提供免费查询文献资料、免费传递文献全文的公益性服务，体现了公共图书馆开放、平等、公益的服务精神。

为读者免费远程传递文献是联合参考咨询网的又一特色。以往图书馆的参考咨询服务只是提供简单的事实性咨询和提供文献来源线索，不提供文献原文。随着读者文献信息需求量的提高，更多的读者不仅要求获得文献来源线索，而且希望获得文献原文。联合参考咨询网通过分布式虚拟参考咨询网络平台的构建和有效的数字版权管理（DRM），为读者免费提供远程原文（电子版）传递服务。自"联合参考咨询网"开通以来，注册读者数、读者咨询量、文献传递量均呈直线上升的态势。2011 年，联合参考咨询网共有注册读者 10 万多人，已使用参考咨询服务的读者占注册总人数的 90%。2002—2007 年，联合参考咨询网共解答各类咨询 157.7 万条，传递文献 497 万篇，其中 2002 年解答咨询 27.7 万条，传递文献 47 万篇，2006 年传递文献 79.9 万篇，2007 年传递文献 84.5 万篇。据统计，2010 年 9 月 1 日至 2011 年 8 月 31 日一年间，联合参考咨询网的咨询量为 100 万人次，传递文献达 192 万篇。联合参考咨询网的网上参考咨询服务和远程文献传递服务正在惠及越来越多的读者。

联合参考咨询网的读者极为广泛，注册读者超过 10 万人，年平均咨询数量达到几十万甚至上百万例，平均每天的咨询量达到 1 000~2 000 例，但其服务质量却没有因为服务量的剧增而受到影响，而是在几十个成员馆的通力合作下，数百个咨询馆员发扬爱岗敬业、无私奉献、专业高效的服务精神，为广大读者提供优质、高效的文献信息咨询服务和文献传递服务，受到了读者的广泛好评和高度赞誉。这从联合参考咨询网对读者满意度的调查统计可以得到有力的佐证。2006 年，联合参考咨询网咨询量为 24 万例，读者进行满意度评分的帖子占全部回复帖子的 75%，在所有评分当中，十分满意的占 79.5%，满意的占 11.6%，满意以上的共占 91.1%；2007 年全年总咨询量为 43.2 万例，读者进行满意度评分的帖子占全部回复帖子的 75%，在所有评分当中，十分满意的占 91%，满意的占 4.8%，满意以上的共占 95.8%；在 2010 年 9 月至 2011 年 8 月的读者满意度调查统计中，读者满意以上的高达 100%。许多读者在回帖或来信中，由衷感谢和高度评价联合参考咨询网为广大读者提供了一个公平利用、便捷实用的文献信息服务平台。譬如，杭州飞鹰船艇有限公司赵总工程师，他在主持设计一个国家重点新产品过程中，多次向联合参考咨询网咨询，咨询馆员为他提供了参考文献资料近 300 篇，使他顺利完成设计任务，并获得杭州市优秀新产品新技术二等奖。

"联合参考咨询网"把大量的书刊文献、文化信息传递到城市、农村、山区、海岛的千家万户，直接为科研、生产、教育、文化服务，为广大的人民群众服务，体现了为实现社会信息公平、消除信息鸿沟和城乡差别所做出的巨大努力，成为我国公共图书馆合作开展网上参考咨询服务的著名品牌。2007 年，"联合参考咨询网"荣获我国政府文化服务最高奖项——文化部"群星奖"。

【分析点评】

联合参考咨询网自 2005 年开通以来，逐步发展成为我国图书馆界规模最大、影响最为广泛的合作式数字参考咨询服务系统，其主要特点有：(1)文献信息资源极为丰富，资源免费共享；(2)引进合作机制，参与馆众多；(3)读者受众极为广泛，咨询形式多样，互动性强，系统功能强大；(4)将参考咨询与文献传递融为一体，为读者提供了一站式参考咨询服务，深受读者欢迎；(5)注重服务的跟踪效果，社会影响力大，社会效益佳，从而成为我国公共图书馆合作开展虚拟参考咨询服务的成功范例。分析其成功的原因：一是"联合参考咨询网"在建设和发展过程中倡导并践行了"共享"的理念，不仅是文献资源的共享，而且是读者、系统、技术、馆员的共享，是"大共享"理念的施行。二是合作机制的成功实践。合作是共享的基础，各成员馆的合作和协作极大地扩展了服务的功能和社会效果，收到了很好的服务效果和社会效益。

合作开展网上参考咨询是我国图书馆参考咨询服务发展的方向。"联合参考咨询网"共享的理念和合作的机制为我国图书馆进一步整合资源，形成合力，努力打造网上参考咨询服务的品牌提供了可资借鉴的宝贵经验。

【资料来源】

1. 联合参考咨询网主页. [2011-11-09]. http://www.ucdrs.net/.

2. 罗宇红. 联合参考咨询网研究报告[J]. 图书馆论坛，2007(2)：74—77.

3. 许昇兴. 联合参考咨询网建设实践与探索[J]. 图书馆工作与研究，2009(3)：55—57.

三、给你的图书馆打电话——美国公共图书馆的电话咨询服务

"哎呀，我忘记水车是不是中国人发明的了！明天就是星期一，要交作业了，怎么办呢?"11岁的六年级学生丹尼一边自言自语，一边拿起电话，拨通了图书馆的电话，5分钟后，他满意地坐下来，开始写他的报告。

上面这个情形并不是虚构的故事。在家中自由地通过电话向当地公共图书馆咨询各种问题，在美国早已成为现实。

电话咨询服务，是由读者通过电话向图书馆提出咨询要求，由经过专业训练的图书馆员利用电话作即时或回电答复的一项图书馆服务项目。电话咨询服务已成为美国公共图书馆的一个既传统又广受读者欢迎的图书馆服务项目，任何读者都可以通过电话向公共图书馆提出任何问题。

早在1936年，美国的公共图书馆就开始开展电话咨询服务。从20世纪80年代开始，美国图书馆学会开展大规模宣传活动，活动口号是"给你的图书馆打电话"。即使在网络十分发达的今天，电话仍然是市民与图书馆联系的重要方式之一。

纽约皇后区公共图书馆的电话咨询部成立于20世纪60年代。他们提出的服务口号是"有困难找图书馆"，与我们通常所说的"有

困难找警察"可谓异曲同工。任何读者都可以通过电话向图书馆提出任何问题，问题五花八门，或解答疑难，或查询地址和电话等。对于简单的问题，图书馆员会随接随答；较为复杂的问题，一般在半小时内给予答复；无法一时解答的问题转交给专业的咨询部门来回答。有时为了圆满地解答读者提出的问题，图书馆会复印有关资料传真给读者，如果复印的资料不超过15页，服务还是免费的。

在美国哥伦布市公共图书馆一间十几平方米的办公室内，四周书架上摆满了各种工具书，中间分隔成若干个小电话间，工作人员正忙着接听电话，并作耐心解答。咨询的内容各种各样，包括查电话号码，看病找医生，如何做菜等，平均每天要接听解答300个电话咨询，提供的咨询都是免费服务。

美国大多数公共图书馆都开展电话咨询服务。为及时准确地回答读者提出的各种问题，美国公共图书馆一般都配备有电话咨询服务专业人员，并建有专门的常用工具资料库。资料库除一些常用的工具书外，还有不少剪报资料和网上资料库，而且随着电话咨询服务的深入将不断扩充与更新资料。

在美国，公共图书馆的电话咨询服务近年来不仅有增无减，而且不断推陈出新。美国公共图书馆的"211"工程——紧急呼叫服务已经启动。该项工程的主要内容就是在美国的版图内，任何人只要有信息和参考服务方面的需要（尤其是公共健康和人文信息），都可以像拨叫"911"、"411"、"311"等免费电话一样拨叫"211"。当地的信息中心或图书馆就会为呼叫者迅速提供帮助，为用户排忧解难，解答用户的咨询。1997年5月，美国亚特兰大市的统一行动中心开通"211"服务热线，成为美国社区信息服务中心实施"211"工程的范例。该中心1998年呼叫电话为10万个，到2001年已突破20万个。该中心近两年已培养出一大批专门解答用户咨询的专家，一周 7 天、一天 24 小时对外服务，无节假日。2001
年，美国田纳西州的孟菲斯市成立了专门负责"211"工程的地方机
构，总部设在孟菲斯公共图书馆的信息服务中心，各地的公共图
书馆成了"211"工程的连锁图书馆。凡是"211"工程覆盖的地方，
任何一个社区的居民都可以通过拨打免费号码"211"向图书馆提出
问题，请求帮助。而只要有人拨叫"211"号码，该地的公共图书馆
就会有专门的人员负责解答用户的咨询。担任该项工作的人员都
是获得美国 AIRS(I&R 系统联盟)资格认证、有经验的馆员。

自 1997 年美国亚特兰大市开通全美第一条"211"服务热线以
来，至 2002 年年底，美国共有"211"文献信息咨询服务热线系统
36 个，覆盖人口 3600 万，约占美国总人口的 12%。"211"作为全
美文献信息利用的专用号码已经和"911"(医院急救)、"311"(警察
和政府咨询)等电话网络一样成为美国人工作、生活不可或缺的一
部分。美国公共图书馆"211"工程的下一个目标是，在未来的几年
内让"211"电话号码进入千家万户，"211"电话网络朝着更加智能
化、数字化的方向发展。

【分析点评】

电话咨询服务是图书馆的传统服务项目，我国大多数公共图
书馆也有电话咨询服务，但美国公共图书馆的电话咨询服务为什
么做得如此出色? 究其原因：一是在咨询服务的深度上，美国公
共图书馆咨询解答的内容涉及人们生活的方方面面，切实为民众
排忧解难，其服务效果得到民众的认可。二是在信息资讯技术日
益发展的情形下，美国公共图书馆不断创新发展，推出方便民众
利用图书馆咨询服务的"211"热线电话，整合资源，方便市民，受
到民众的欢迎。

在信息、网络技术日益发达的今天，传统的电话咨询服务是否可以退出图书馆咨询服务的历史舞台？从上述美国公共图书馆的服务案例中可以得出结论：回答是否定的。关键是图书馆咨询服务要与时俱进，不断推陈出新，建立符合广大民众文献信息需求的方式和模式，在服务的广度、深度、方便度和有效性等方面下功夫，这样的服务才会受到广大民众的欢迎，才会长盛不衰。

【资料来源】

1. 程亚男. 流动的风景——图书馆之旅[M]. 北京：北京图书馆出版社，2006：41—43.

2. 郭鸿昌. 美国公共图书馆的"211"工程：紧急呼叫服务[J]. 新世纪图书馆，2003(5)：66—68.

3. 孟蔚彦. 美国公共图书馆的电话咨询服务[J]. 图书馆杂志，2005(1)：60—61，83.

四、企业发展的助力器——英国伯明翰中心图书馆企业信息咨询服务

英国伯明翰中心图书馆的伯明翰商业图书馆（Business Library)成立于1919年，有着悠久的历史，拥有丰富的商业信息资源、完善的服务内容和服务模式。伯明翰中心图书馆的企业信息咨询服务颇具特色，对区域内的经济发展产生了很大的影响，在促进企业技术创新方面发挥了很好的作用，成为当地企业创新发展的助力器。

在资源建设上，伯明翰中心图书馆有专门的资金用于商业图书馆的商业信息资源建设，系统地收集有关商业、企业发展方面的图书、期刊、商业年鉴、手册、名录以及经济、商业数据库等电子资源，有力地保证了开展企业信息咨询服务的"粮草"。伯明

翰商业图书馆提供的企业信息服务是一个比较完整的体系，除了信息研究服务，还包括各类企业信息的提供、面向企业的学习资源以及面向企业经营管理的信息服务，可以为企业提供全方位的信息咨询服务。例如，伯明翰中心图书馆可以为企业提供公司组建服务、公司财务报告、公司绩效的定标比例、信用审核、政府资助项目服务等。伯明翰中心图书馆企业信息服务的方式多样，除了利用信息服务平台直接为提出请求的用户服务以外，该馆还为企业、政府及其他文献信息机构提供信息外包服务。在宣传推广方面，网站宣传是伯明翰中心图书馆的主要手段，除此之外，伯明翰中心图书馆借助于英国的公共图书馆网，在地区内的 41 个社区图书馆设立信息服务点，发放专题宣传单，进一步扩大影响。在收费机制上，伯明翰中心图书馆对本区域的用户，90％的服务都是免费的，体现了地方税收"取之于民，用之于民"的思想和公共图书馆服务的公益性。

伯明翰中心图书馆的信息服务平台是 Best for Business，是一个免费为企业提供信息咨询服务的平台。Best for Business 涉及的范围较广，涵盖了企业信息服务的各个方面，主要有企业信息服务、在线服务、知识产权服务、企业创业服务、培训服务、商业资源服务、金融服务、展会服务等，而且是以面向企业的各项服务为主题来集中相关的资源和服务。Best for Business 的一大特点是在该平台的建设和运行过程中有多个合作伙伴，其中多数都不是文献信息机构，而是一些政府部门或其他企业服务机构。如商业链接是英国中小企业支持与咨询服务机构，欧洲专利办公室(EPO)是提供专利服务的机构。与这些机构的合作为将面向企业的各项服务整合到一个平台提供了极为便利的条件，为伯明翰中心图书馆成功开展企业信息咨询服务提供了重要支持。

英国公共图书馆面向企业的信息服务历史悠久，许多公共图书馆都设有专门的商业图书馆，除伯明翰外，利物浦、利兹、西敏寺、榭菲尔德、剑桥等地的公共图书馆都设有商业图书馆分馆。1992年，英国贸易与工业部建议设立一个商业链接，为英国企业提供一站式的工商信息服务。商业链接设立后，通过这一网络使企业与公共图书馆建立了多种多样的联系，也使企业认识到公共图书馆在提供工商信息服务的资源以及经验上所具有的优势。英国公共图书馆的各种服务之所以能便利地在不同地区和不同级别的公共图书馆之间得以扩展，除了图书馆自身的一些营销策略外，还应归功于欧洲丰富的文献信息网络。如欧洲公共信息中心网络，有98％的英国公共图书馆加入了该网络，伯明翰中心图书馆就是其中一员。这些网络的存在为英国公共图书馆企业信息服务的扩展提供了良好的平台。

【分析点评】

为企业提供信息咨询服务是公共图书馆的重要职能之一。英国伯明翰中心图书馆为当地企业提供了大量的、卓有成效的信息服务。伯明翰中心图书馆的主要特点是：有专门的资金用于商业信息资源建设，提供的信息服务是一个相对完整的体系，开展网页宣传和信息服务点宣传，采取多种方式为企业提供咨询服务，对本区域用户绝大多数服务都是免费的，体现了公共图书馆服务的公益性。分析英国伯明翰中心图书馆企业信息咨询服务的成功经验，其主要原因：一是有明晰的理论认识。他们认为公共图书馆的投入在很大程度上依赖于企业或商业的税收，所以图书馆应该为他们提供服务，而且认为图书馆为企业提供信息服务对图书馆和本地企业都是双赢的。二是该馆建立了丰富的信息资源、完备的服务体系和服务模式为企业提供全方位的信息咨询服务。三是该馆与一些非文献信息机构建立了亲密的合作关系,有力地增强了其信息咨询服务的能力。

【资料来源】

1. 刘华,晋超. 中英公共图书馆企业信息服务模式比较[J]. 图书情报工作,2007(4):89—92.

2. 闫伟东. 国外公共图书馆的企业信息服务研究与实践[J]. 图书馆建设,2009(10):43—46.

五、资讯加油站(IGS)——芬兰赫尔辛基城市图书馆的参考咨询服务

2000 年,由于在向民众提供公益性、网络化的互联网服务所做出的卓越成就,芬兰赫尔辛基城市图书馆获得了美国盖茨基金会的首届"求知新途奖"(Access to Learning),获得奖金一百万美元。2001 年,赫尔辛基城市图书馆将所获得的全部奖金用于开展基于网络、数字技术的个性化参考咨询服务,推出了一种像流动图书馆一样的信息咨询台,称为资讯加油站,简称 IGS。之所以起这样的名称,赫尔辛基城市图书馆认为,就像汽车需要不断加油一样,在信息社会里人们也需要不断"充电",资讯加油站就是一项适应现代信息需要的图书馆流动咨询服务。通过资讯加油站,民众可用电话、传真、网络等各种方式,向图书馆员问任何资讯。资讯加油站提出的口号是:"问什么都可以",问题不需要与图书馆相关,可以是五花八门的任何疑问。有人问芬兰插画人物姆米的俄文怎么说,有人问机场的购物方式,也有人问单字生词的字源,所有问题都可以得到馆员的详细搜寻和悉心解答。资讯加油站的服务设备是一个个可移动的单元,放置在火车站、购物中心、公园、老年人社区、展览会、旅游景点等人流集中的地方。许多

服务设备的样式还做成油桶的形状（Information Barrel），每个服务台上摆放着一两台连接互联网的电脑，有一两名馆员为现场的民众提供信息咨询服务。馆员可以和读者坐下来一起交谈，馆员和读者一起搜寻信息，这样读者也可以直接得到信息检索技能的指导。

除了移动式资讯加油站，赫尔辛基城市图书馆还开通了资讯加油站参考咨询网站，为读者提供各种信息的参考咨询服务，提出"问什么主题都可以"的服务承诺，所有服务都是免费的。读者不需要注册，直接在网站表单提出问题，极为方便，资讯加油站承诺在最短的时间内解答读者的问题。笔者在调研本服务案例时，曾利用资讯加油站网站向他们的馆员提出过相关问题。提出的问题是：资讯加油站自 2001 年开展服务以来至今一共解答了多少个问题？提问是 2011 年 11 月 11 日下午 4 点 32 分通过网站表单发出，当天晚上 10 点 40 分就收到了答复，解答时间仅 6 个小时。其回答是：2001 年以来一共解答了 72 622 条咨询。笔者作为中国的读者感受了资讯加油站参考咨询服务带来的便利和快捷。此外，资讯加油站还与芬兰广播公司合作，开展每周一个小时的"有问必答"节目，听众可向广播电台网站发送问题，或直接给电台播音室打电话，读者的问题将转送至资讯加油站馆员，馆员抽取其中一个问题作现场广播答复。"有问必答"的资讯服务，不仅扩大了图书馆的服务范围，对图书馆员们来说也是很好的训练。馆员必须要时常更新获取的信息，才能回答各个领域的各种问题。2004年，赫尔辛基城市图书馆又推出了网络实时咨询服务。在特定的时间里，有问题想请教图书馆员，读者只需在网页上按一个键，当场就有图书馆员在线上"现身"解答，让民众的问题能够及时获得解答。

在赫尔辛基城市图书馆，一共有 70 名馆员加入资讯加油站这个团队并从事着信息咨询服务。2001 年，资讯加油站刚开始启动时只是一个两年期的计划项目。随着资讯加油站参考咨询业务的发展，特别是资讯加油站受到越来越多读者和民众的喜爱，资讯加油站已经成为赫尔辛基城市图书馆业务工作中的一个重要方面，它不仅日益改变着图书馆的工作形态和业务方式，也促进了图书馆员信息获取能力和数字参考咨询知识的提升。由于资讯加油站的成功实践和卓越成绩，资讯加油站项目及其团队近年来获得诸多奖项。2002 年，赫尔辛基城市图书馆授予资讯加油站团队"图书馆钻石奖"。2004 年 3 月，资讯加油站荣获芬兰信息专家协会授予的"知识之鹰"奖和"信息专家"荣誉称号。

【分析点评】

赫尔辛基城市图书馆对图书馆的参考咨询服务进行了创新，不仅仅是将信息技术、网络技术运用于参考咨询服务，更重要的是通过资讯加油站这种方式让图书馆的信息咨询服务实实在在走进广大民众当中，延伸到社会的各个角落，使更多的读者和市民能够便利地享受到图书馆服务。赫尔辛基城市图书馆资讯加油站是现代信息社会下图书馆参考咨询服务创新的生动事例和成功范例。

为广大社会民众提供优质、高效、便利的信息资讯服务是图书馆孜孜以求的目标。赫尔辛基城市图书馆资讯加油站的成功案例启迪我们，创新的精神和思路只是问题的一个方面，而只有切实满足了社会大众信息需求的创新才能获得民众的认可和喜爱，才有发展的活力和生命力。

【资料来源】

1. IGS. [2011-11-11]. http://igs. kirjastot. fi/en-GB/iGS/.

2. 吴建中. 他山之石——信息加油站（IGS）. [2011-11-11]. http://wujianzhong. bokee. com/6174725. html.

3. 涂翠珊 v 顶尖图书馆——芬兰图书馆 处处皆惊艳. [2011-11-11]. http://www. ntl. gov. tw/Publish_List. asp? CatID=2334.

4. 梁奋东. 北欧图书馆事业一瞥[J]. 深图通讯，2005(4)：69－72.

六、劳务工的文化家园——深圳南山"外来工图书馆"服务

在深圳市南山区西丽街道办同富裕工业城内，有一座外来工图书馆。这是全国第一家以"外来工"命名的图书馆。自 2007 年 5 月开馆以来，这座外来工图书馆以充实的文献资源、贴心的服务、人性化的设施、丰富的读者活动吸引着大量的劳务工走进图书馆，学习科学知识，汲取文化素养，浏览网页信息，参加读者活动，成为当地及周边地区劳务工的精神文化家园。

深圳是一个外来劳务工达数百万人的移民城市。据深圳市对该市 600 多万外来工文化生活现状的调查显示：广大外来劳务工的文化需求处于严重的不饱和状态。外来劳务工是深圳这座年轻城市建设的主力军。城市的和谐建设和可持续发展需要外来工的积极参与，外来劳务工的文化素质、精神文化、心理健康和适应能力需要业余文化生活作有力的支撑。有识于此，深圳南山图书馆提出将分馆建在外来工聚集的工业区，以方便为外来工服务，并提出由南山图书馆与街道办、企业合作建设外来工图书馆的设想。经过广泛调研和充分协商，在南山区政府的大力支持下，由深圳南山图书馆和深圳西丽投资发展有限公司合作建设的南山西

丽同富裕工业城外来工图书馆于 2007 年 5 月 20 日建成并向读者开放。

深圳南山外来工图书馆位于南山区西丽同富裕工业城 A 座商住楼二楼,馆舍面积 580 平方米。按照"藏借阅一体"的布局,该馆设有报刊阅览室、图书阅览室和电子阅览室,共有阅览座位 208 个,馆藏图书 33 377 册,期刊 200 种,报纸 40 种,可供读者上网的电脑 20 台。该馆现有专职工作人员 6 人,每周开放时间 45 小时,服务工业城及周边地区的 4 万多名劳务工和当地居民。

在建馆模式上,深圳南山外来工图书馆开启了政府文化部门与企业联合办馆的新模式。外来工图书馆由深圳南山图书馆和深圳西丽投资发展有限公司联合建设,共同管理。双方通过洽谈,签订共建协议,明确双方的责任和义务。由南山图书馆负责文献资源建设、业务建设和日常运行管理,南山区财政每年投入 27 万元专项经费用于该馆的运作经费。深圳市西丽投资发展有限公司将 580 平方米的员工宿舍经过改造重新装修作为外来工图书馆的馆舍,负责阅览设施的购置和水电、物业管理费,并负责承担 3 名员工的工资。合作双方各尽其责,各司其职。

在管理机制上,南山外来工图书馆纳入南山图书馆总分馆的统一管理体系,即在业务建设和日常服务方面以区图书馆为总馆,对外来工图书馆和其他分馆一样统一制定管理办法,规范开放时间,统一形象设计,推行标准服务,实现一卡通用,通借通还,资源共享,活动互动。在文献建设上,实行图书文献统购统编,报刊统一订购,文献统一著录。在管理架构上,实行区馆馆长—基层辅导部主任—分馆馆长的管理架构。在人员管理上,实行岗位和身份双重管理,即在图书馆的 6 名工作人员中,1 名分馆馆长和 2 名电子阅览室管理人员由总馆派遣,企业聘用的

3 名员工经总馆培训考核合格后参加图书馆的日常管理和服务工作。

深圳南山同富裕工业城外来工图书馆从创意到建成开放，旨在为广大劳务工提供方便、实惠的图书馆服务，其服务特色如下。

1. 推行总分馆制，实行资源共享

南山同富裕工业城外来工图书馆在管理上是南山图书馆的分馆，与南山图书馆实行一体化管理。读者只要在外来工图书馆办理一张读者证，便可一卡通用，在南山图书馆及各个分馆之间通借通还图书，实行了文献资源的共享。2011 年 11 月，南山外来工图书馆加入了深圳市"图书馆之城"统一技术平台，在更大范围内实现了与深圳市内 160 多家区、街道、社区图书馆之间图书的通借通还，资源共享。

2. 突出外来工服务特色，开展贴心服务

南山外来工图书馆根据外来工的兴趣和阅读需求采购和订阅相关主题的图书、报刊。根据外来工的作息时间设定开放时间，如该馆的开放时间为每天下午 2 时 30 分至晚上 10 时，使下班后的劳务工有一个阅读、休闲的好去处。该馆不仅办证免工本费和注册费，还专门为外来工读者推出押金优惠的"普及证"，颇受外来工欢迎。

3. 开展形式多样、丰富多彩的服务

在外来工图书馆，读者不仅可以免费借阅图书、报刊，免费上网浏览文化共享工程信息和网络信息，还可以根据自己的兴趣和爱好参加图书馆举办的各种读者活动。外来工图书馆每周五播放一场"大众电影"，不定期举办各个主题的"公益讲座"。图书馆组织外来劳务工参加由南山图书馆统一策划组织的"外来青工知识竞赛"、"悦读有约"、"我的书房我作主"等读者活动，吸引着越来越多的外来工在图书馆的平台上展示当代劳务工的风采。

4. 服务设施体现人文关怀

外来工图书馆有阅览座椅 208 个，其中 40 个座椅是可以移动的，便于读者搬至馆内任何一个地方进行阅读，聆听公益讲座，或观看大众电影。由于外来工图书馆是由宿舍楼改造的，中间立柱多，该馆就利用这些立柱在柱面上制作了 8 个便于更换内容的"智慧柱"，用以张贴剪报信息、书目推荐内容、读书心得、馆员工作感言等，在读者与馆员之间搭起了交流互动的平台。

南山同富裕工业城外来工图书馆由于其灵活的办馆模式、共享的文献资源和多样化的服务，深受广大劳务工欢迎，进馆读者日益增多，服务效益日渐增强。2007 年 5 月开馆至 2011 年年底，南山外来工图书馆进馆总人次达 53.9 万人，平均每年进馆达 10 万人次，图书借阅 8.3 万册次，借阅人次 6.8 万人次，上网检索 7.6 万人次，累计发放借书证 5 169 个，通借通还图书 4 915 册；举办各类读者活动 258 场，参与读者达 4.1 万人次。以服务范围 4 万人计，外来工图书馆近几年的服务量相当于当地所有居民平均每人进馆 13 次，平均每人借阅图书 2 册次，其服务效益大大高于一座社区图书馆甚至街道图书馆。加之外来工图书馆建在工业区，其总的服务成本低于社区图书馆，可以说外来工图书馆以较少的投入获得了较大的服务效益。

南山外来工图书馆近年服务数据统计表

年度 服务项目	2007. 5—12	2008	2009	2010	2011	合计
读者到馆人次	61 058	129 949	101 133	93 688	91 235	477 063
办证	701	1 445	1 188	1 010	825	5 169
总外借阅册次	6 380	22 392	22 436	18 046	14 613	83 867
总归还册次	5 623	21 604	21 938	18 132	13 682	80 979
流通 服务 总借阅人次	5 510	18 418	19 052	14 727	11 179	68 886
总分间馆通借 归还册次	128	404	318	384	260	1 494
全市通借通还	7	138	764	926	514	2 349
全市代还系统 还书	0	62	314	418	278	1 072
读者 活动 公益讲座 （场次/人次）	5/553	8/724	9/562	9/559	3/181	34/2 579
大众电影 （场次/人次）	32/5 385	52/10 411	36/8 109	46/8 579	48/6 292	214/38 776
其他读者活动 （场次/人次）	0	0	0	2/31	7/256	9/287
信息 服务 上网检索 （人次）	4 109	13 114	22 277	20 365	16 030	75 895

深圳南山外来工图书馆的服务效益不仅仅体现在这些看似枯燥的一系列数据上，更体现在一个个鲜活的外来工读书成长的故事之中。小黄是一位来自湖北孝感的劳务工，2007 年年底来到同富裕工业城的一家通信公司打工。当他得知家门口就有一个专门为外来工服务的图书馆，他便一有时间就到图书馆去，浏览《中国青年报》、《读者》、《深圳青年》。在工作中他发现，学校学的那点知识在实际工作中根本就不够用，于是他就从图书馆借来《通信原

理》、《网络基础》、《电子电路》等专业书籍来为他解疑释惑。很快小黄就在专业上有了明显的进步。小黄从小就性格内向，不善于表达，然而外来工图书馆的各种读者活动深深吸引着他。与书相约，与书会友，使小黄有了表现自我的冲动。他连续两届参加了由外来工图书馆举办的"悦读有约"读书分享活动。2011年在深圳市读书月"读书分享会"上，小黄与其他6名外来工一起自编自导自演了情景剧《力量》，共同演绎了如何从《力量》中寻找生命的价值和改变人际关系的钥匙，荣获了二等奖。如今的小黄在深圳已成家立业，回想起自己利用图书馆获得的收益，小黄感慨地说："我一路走来从图书馆汲取了营养，学到了不少知识，不光是专业知识方面给我益处，还有待人接物，为人处世等。如果说我是名虔诚的信徒，图书馆给我的知识就是信仰！"

深圳南山同富裕工业城的外来工图书馆犹如镶嵌在密集工业区之中的一片"文化绿洲"，不仅有效缓解了远离城市中心区外来劳务工看书难的问题，极大地丰富了劳务工的业余文化生活，而且实现了图书馆服务的普及化和均等化，在基层公共文化服务体系的建设中发挥着越来越重要的作用。

【分析点评】

深圳南山外来工图书馆建成开放以来，深受广大劳务工的喜爱，各项服务数据呈现良好的发展态势，取得了很好的社会效益。分析其成功的原因，主要有三点：一是其创新的办馆模式。图书馆与企业合作建馆的模式在馆舍、设施、文献资源、经费、人员等方面确保了图书馆的正常开放和可持续发展。对政府而言，每年只要投入少量的经费，就可以获得良好的社会效益；对企业而言，分馆的建制和专业化的管理，大大提升了企业的文化含量。

这种具有创新性的合作建馆模式，达到了双赢的目的。二是图书馆针对劳务工的作息时间和阅读兴趣等需求，开展贴心服务，体现人文关怀，受到劳务工的欢迎。三是外来工图书馆开展的服务形式多样，丰富多彩，除了书刊借阅、网上浏览等常规服务外，还组织开展"大众电影"、主题讲座、读书分享、知识竞赛等读者活动，劳务工参与的积极性高，参与度广。

　　服务是图书馆存在的理由，是图书馆的永恒主题。为谁服务，如何提供满意的服务，一直以来是图书馆和图书馆工作者思考的问题。为劳务工服务虽然不是公共图书馆工作的全部，但它却是公共图书馆特别是基层公共图书馆不可或缺的一个重要方面。深圳南山图书馆建立外来工图书馆为广大劳务工开展服务的做法和经验值得思考和借鉴。

【资料来源】

　　1. 吴丽娟. 深圳南山同富裕工业城"外来工图书馆"材料.

　　2. 吴丽娟. 精心打造外来劳务工文化生活的空间. 南图时空，2007 年秋季号.

　　3. 王荣，郑恺. 南山建成外来工图书馆. ［2012-04-11］. http://news.sina.com.cn/c/2007-05-28/050011905753s.shtml.

七、帮农民兄弟回家——新疆图书馆开展免费网购火车票服务

　　小张是在乌鲁木齐一家装饰公司工作的川籍农民工。2012 年春节临近，已经有几年没有回家的小张急切地想买到一张回四川老家的火车票。元旦过后，小张一连跑了 4 趟火车站，票还是没有买上。他说："网络和电话的火车票一放出来，就在网上抢光了。我们是打工的，不懂得电脑网络，更不懂得开通网银，的确

很着急。"这时一位工友告诉他，新疆维吾尔自治区图书馆今年开通了免费为市民网上购买火车票的服务，他便抱着试一试的想法去碰碰运气。

2012年1月9日一大早，小张便直奔他住地附近的新疆维吾尔自治区图书馆。来到三楼的电子阅览室，图书馆工作人员帮他在购票网站上输入姓名、身份证号、目的地、时间、车次、验证码，然后付款、订票，短短几分钟时间就帮他订到了一张到四川绵阳的火车票。小张掩饰不住内心的喜悦："网上购火车票，对于我们来说太难了，图书馆真帮了我的大忙！"

网上购买火车票，既方便又快捷，可这便捷的方式却将不少不会使用电脑的市民特别是农民工朋友拒之门外。2011年12月30日，新疆维吾尔自治区文化厅领导给《新疆都市报》微博发来信息表示：铁道部推出实名网上购买火车票，但很多农民工和中老年人无电脑或者不会上网，怎么办？新疆的区、市、县、乡公共图书馆和文化站都已免费开放，也都有电子阅览室，要急人所急，提供服务，工作人员要帮助市民在网上购买火车票。面对这样一条温暖、贴心的信息，《新疆都市报》马上给予了转发，并引发诸多网友的转发。

2011年12月30日，新疆维吾尔自治区图书馆开始为市民免费提供网上购买火车票服务。前期由该馆技术部6位熟练掌握网络订票流程的工作人员为前来咨询、购票的市民提供服务。后期从全馆抽调20多名工作人员进行网络购票流程培训。从1月8日起，图书馆电子阅览室的150台电脑全部开放，安排工作人员每天早上6时至晚23时三班倒全天候地为广大市民和农民工朋友提供免费网上订票服务。同时，新疆图书馆还利用电子阅览室的电脑设施，为前来咨询的市民办起了网络订票的免费培训，受到广大市民的欢迎。许多市民纷纷相互转告，一时间到新疆维吾尔自治区图书馆来咨询、订票的市民和农民工朋友络绎不绝。公共图书馆为市民提供免费网购火车票的便民服务似在冰雪料峭的寒冬给人们心底带来的一股暖流。

不仅仅在新疆图书馆，从 2012 年 1 月 5 日起，新疆维吾尔自治区 14 个地市州的 107 个公共图书馆和文化站开始免费帮助市民网上购买火车票，全新疆 9 321 个公共文化服务站也免费提供此项服务。为市民和农民工提供免费的公共文化信息服务在新疆维吾尔自治区公共图书馆开展得如火如荼。

这一最早发起于新疆的公共图书馆帮农民工网上购票的服务举措迅速引起社会广泛关注和业界积极响应，陕西省公共图书馆联盟、重庆 38 家公共图书馆、嘉兴图书馆及上海等地的公共图书馆纷纷加入到此行动中来，公共图书馆助力网购火车票一时蔚然成风。嘉兴图书馆在开展这项服务时还提出了一个很响亮的口号——"帮农民兄弟回家"。

陕西省图书馆 2012 年 1 月 8 日起开展"春运协助网购火车票服务"，专门为想在网上订票但又没有上网条件的外来务工人员开辟网络订票专区，设立"春运网购火车票专座"，为市民和劳务工开展免费网上订票服务。陕西省图书馆还组织全省 98 个市县区公共图书馆为农民工朋友提供免费网络订票服务。

2012 年 1 月 12 日，重庆市 38 家公共图书馆开展帮农民工网上订火车票服务。农民工只要到附近公共图书馆的电子阅览室，就有工作人员提供帮助。图书馆帮忙订票不收取任何手续费，还可免费为没有网银的农民工提供网银，农民工只需带上购票现金即可，达到订票、购票一站式服务的效果。

上海青浦区图书馆在电子阅览室设立"春运网购火车票专座"，为广大读者特别是农民工朋友春节期间往返城乡网购火车票提供免费、安全、绿色的网络通道。工作人员主要针对不会操作电脑的农民工，在协助他们进行网络订票的同时，也对他们进行电脑知识、网络技能的培训。

新疆、陕西、重庆等地公共图书馆利用公共文化服务网络为市民开展免费网上订购火车票服务，是公共图书馆继免费开放之后，履行图书馆公益性文化服务机构延伸职能的又一生动体现。2012 年 5 月，文化部副部长杨志今在浙江东阳召开的全国农民工文化建设现场经验交流会上，特别表扬了公共图书馆的这一举措。

【分析点评】

春节回家是亿万中国人的传统习俗，但近几年，家难回，路难走，一张普通的火车票，每年都如拦路之虎，羁绊着人们归乡的脚步。2012 年推出的网络购票，本意是方便群众，但无形中却给不会电脑、不会上网的广大劳务工设置了新的障碍。我们欣喜地看到，新疆、陕西、重庆等地的公共图书馆想群众所想，急群众所急，利用公共文化服务设施免费为市民和农民工开展网购火车票服务，犹如雪中送炭一般有效地缓解了人们购票的困难，体现了公共图书馆对弱势群体的人文关怀。小小的一张火车票，已具象为人们归乡旅途中的一杯热水，一声问候。

在美国，经常可以看到这样的情形：一大早，就有不少人在公共图书馆门前排队，等着图书馆员帮助或指导他们通过网络在线填写各种各样的表格，如申请工作、申请救济、申办移民手续等，一些图书馆员也因此成为"表格专家"。可见，在电子政务、电子商务时代，即便像美国这样的发达国家，也有很多处于社会底层的人们依然存在较大的数字鸿沟。因此，在我国逐渐向电子社会转型和迈进过程中，公共图书馆帮农民工网购火车票的时代意义在于：公共图书馆不再局限于为市民提供文献信息服务，而是超越传统的文化服务边界，在缩小、消除数字鸿沟方面积极发挥作用，在公共信息服务领域迅速而敏锐地捕捉到新的服务增长点，让文化设施的公共服务能量得以充分释放，从而有效拓展了服务范围。

【资料来源】

1. 高丽蓉，李琰. 新疆：不会网上购火车票 图书馆出"手"相助. ［2012-03-28］. http://www. tianshannet. com. cn/news/content/2012-01-06/content_6480574. htm.

2. 新疆维吾尔自治区图书馆的工作人员正帮助农民工网购火车票. ［2012-03-28］. http://www. xjlib. org/009ce404-e03c-4e36-87cb-3875fbde34f7_1. html.

3. 重庆38家图书馆免费帮农民工网上购火车票. ［2012-03-28］. http://cq. gmw. cn/2012-01/13/content_3381090. htm.

八、咖啡与罚款——借书超长逾期的人性化处理

把"咖啡"与"罚款"这两个风马牛不相及的词语结合在一起，源于一个真实的故事。

一位名叫罗斯库特的前英国皇家空军队员，1962年离开马耳他时，不小心将借来的书一起带走了。2004年，为庆祝自己65岁生日，罗斯库特和妻子从居住的海峡群岛来到马耳他度假，把那本42年前借的历史书还给了马耳他公共图书馆。罗斯库特多年以来一直为自己的疏忽感到很不安，也希望图书馆能对他进行罚款处理。令他感到意外的是，图书馆对他不仅没有处以罚款，反而请他喝了一杯咖啡。

借书逾期罚款几乎是世界上所有公共图书馆通行的惯例，只是由于各图书馆外借图书的具体规定不同，罚款的金额不一。如

英国的一些图书馆规定，新书一般借期为一周，旧书借期为三周，抢手图书的借期则有两天、一天、甚至几小时等各种区别。读者可以根据需要提出借书的请求。如果读者在图书馆网上查到要借的图书被他人借走，读者可以候借，一旦该图书还回图书馆，图书馆管理员就会在一定时间内为读者保留这本书。如果读者逾期不借，则一定要对读者处以严厉的罚款。但即使是罚款，图书管理员总是能让读者愉快地接受处罚。德国图书馆也规定过期还书要罚款，但对儿童逾期罚款金额则比较少，不及成人的一半。

各地图书馆之所以实行图书逾期罚款制度，主要是为了督促读者及时归还图书，保证图书的正常流通，加快图书周转，使每一本书能发挥更大的效用，以维护广大读者的利益。在读者如期还书的自觉性尚未普遍提高的今天，逾期罚款仍不失为一种比较有效的管理方法，但是如何执行这一制度，则大有文章可做。马耳他公共图书馆人性化的罚款处理方式为我们提供了一个如何对待违纪读者的样板。该图书馆的管理人员说："也许这个故事可以鼓励其他人早点归还超过还书日期的图书。"一杯小小的咖啡，体现着一种温情，同时也让我们学会该如何去执行处罚——原来惩罚也可以如此温柔，并不总是那么盛气凌人。

罗斯库特的诚实同样为我们树立了一个榜样。他是在不经意间，把从马耳他公共图书馆里借的一本历史书放进行李包带走了。42 年前由于一时的疏忽而造成的这个在一般人眼里并不算过错的小事，却成了他 42 年中难以化解的一个心结。42 年后，即使是沉浸在 65 岁生日的欢乐日子里的他，也没有忘记归还 42 年前借走的图书，并乐意接受图书馆的任何处罚。罗斯库特完全可以找出种种冠冕堂皇的理由为自己的逾期还书开脱，何况他还是一位曾为皇家效过力的空军队员。他可以以势压人，也可以居功自傲，甚至可以倚老卖老，通过种种老关系免交罚款。但是他没有这样做，这种诚实，并非所有人都能做到。在我们的生活中，为逾期罚款大吵大闹者有之，借书长期不还者有之，更有甚者，以"偷书不算偷"为由，将图书馆的书刊据为己有。做一个诚实的读者究竟有多难？罗斯库特用 42 个 365 天恪守着一名读者的诚信——一个常常被人们忽视甚至遗忘的生活细节。

无独有偶。新西兰罗托鲁瓦的一位 85 岁高龄老妇人创下逾期61 年归还图书馆图书的记录。这位名叫玛丽·苏夏姆的妇人 1945年在罗托鲁瓦公立图书馆借了一本书，不知什么原因一直未归还。该书遗落在苏夏姆家的某个角落，直到 2006 年的一天，一位名叫托尼·穆勒的住宅检查员在检查苏夏姆家的阁楼时，这本书才重见天日。玛丽·苏夏姆将这本借期达 61 年的图书归还了图书馆。如果按照图书馆借阅规则，这位老妇人可能将被处以约9 000新西兰元的高额罚款。但现任罗托鲁瓦公立图书馆馆长简·吉尔伯特决定，作为赠给苏夏姆夫人 85 岁的生日礼物，罚金将被免除，而这本被"借出 61 年"的图书将作为历史见证在图书馆展出。

21 世纪以来，我国部分公共图书馆也在借书超长逾期的人性化处理方式上进行了积极的探索和有益的尝试。馆藏图书资料的流失在我国公共图书馆也是普遍现象。为了挽回国家财产，近年来我国部分公共图书馆在读者中开展了图书超长逾期还回免责、免罚款活动。2007 年 8 月，云南图书馆开展读者"免责还书绿色通道"，读者在一周内还回图书，无论超期多久，都不需要给予任何解释，也不需要缴纳罚款。在活动的 7 天时间里，共有 980 名读者还回图书 1 521 册，收到了良好效果。湖南省图书馆馆藏图书的流失现象颇为严重，1994—2008 年的十几年间，该馆有记录的流失的图书就有 6 万多册。2008 年 4 月，湖南省图书馆开展"送图书回家"免责活动，向读者宣传在活动期间还书免责，但收效甚微，"还书免责"公告发布两周后，只有 10 多本图书被归还。

2010 年 10 月，陕西省图书馆发起"寻找失落的文明"活动，开通"免责还书绿色通道"，诚意催还 2001—2009 年间被 4 340 名读者借走的 7 472 册图书。活动开展了 4 个月，仅收回图书不到 200 册，活动也没有达到应有的效果。我国部分公共图书馆"图书超长逾期免责还书"活动，开启了借书超长逾期人性化处理的新方式，尽量挽回了国家图书财产的损失，同时也引发了人们对社会诚信和社会公德的思考。

【分析点评】

借书逾期罚款几乎是世界上所有图书馆通行的惯例，但是如何执行这一制度，则大有文章可做。是一味地提高罚款金额，加大罚款力度，还是罚款与教育相结合，从而提高读者爱护图书和遵守图书馆规章的自觉性，答案显然是后者。图书馆对待借书逾期罚款的不同处理方式，体现了图书馆的服务理念和管理水平，马耳他公共图书馆和新西兰罗托鲁瓦公立图书馆的人性化处理方式为我们提供了一个处理借书超长逾期问题的样板。

借书超长逾期的处理看似一件小事，可其中却折射出图书馆的服务理念，体现着图书馆管理和服务的水平。如何处理借书超长逾期问题，尽量挽回国家图书财产损失，让图书发挥更大的效用，在读者乃至在全社会民众中树立诚信意识，形成一个图书馆与读者互助、互信、互爱、互赢的良好社会氛围和社会风尚，是公共图书馆当下及未来应该予以深层思考和着力实践的重要课题。

【资料来源】

1. 程亚男. 流动的风景——图书馆之旅[M]. 北京：北京图书馆出版社，2006：148—151.

2. 雷成. 云南图书馆实行免责还书 希望读者归还逾期书籍.[2011-10-28]. http://news. sina. com. cn/c/2007-09-15/040313894978. shtml.

3. 赵文明，李杨. 湖南省图书馆丢书六万册 终结图书流失出路何在. [2011-10-28]. http://news. qq. com/a/20080422/001262. htm.

第四章　阅读活动与宣传推广

　　阅读作为一种国家战略，日渐得到政府和社会的积极响应和各级公共图书馆的强力推动。美国、新加坡等全民阅读率较高的国家，都将阅读作为重要的国家战略，如美国克林顿时代的"美国阅读挑战运动"、新加坡全国性的"读吧！新加坡"活动。2008年10月，中国图书馆学会发布《图书馆服务宣言》，明确将"促进全民阅读"列为图书馆服务的目标之一。"保障公民阅读权利，促进全民阅读"逐步成为各级公共图书馆的一项重要使命，持续有效地开展各类阅读推广活动成为图书馆业务的重要组成部分。本章从不同角度选取了开创先河的文华公书林阅读推广活动、当下公共图书馆开展得如火如荼的各类读书节、文学节、阅读论坛及公益讲座活动、西部地区农村读书服务活动、我国台湾乡立图书馆的阅读推广及风靡全球的一城一书等案例。

一、开创先河，弥孚众望——文华公书林阅读推广活动

　　文华公书林是中国近代最早开办的公共图书馆之一，由美国人韦棣华女士于1910年创办，创中国近代开放办馆思想之先河。公书林经常举办演讲会、读书会、故事会、音乐会等以吸引读者上门读书，同时在一些国立大学里开办各种讲座，以发动学生和群众利用图书馆。1914—1916年，文华公书林还在上海、南京、杭州、开封、太原等城市组织巡回演讲，向民众普及图书馆知识。此举引起了文化界特别是图书馆界的广泛关注，蔡元培先生因此称文华公书林"弥孚众望"。

韦棣华(Mary Elizabeth Wood)女士 1899 年因探视其在武昌传教的弟弟来到中国，1901 年由其弟弟推荐进入教会学校——文华学校担任英语教员。1906 年韦棣华开始策划建立一所不仅供学生使用也供大众使用的图书馆，年底她首次返回美国，开始长达18 个月的准备工作。她一方面进入布鲁克林的普拉特学院图书馆学校进修；另一方面四处募捐，共为图书馆募集到 10 万美元的资金。1908 年韦棣华返回武昌，用这笔钱买下了武昌龚家花园的地皮(位于武昌昙华林)，由汉口景明工程公司(汉口著名建筑师德希思先生)设计并兼修，于 1910 年 5 月落成，定名为文华公书林(Boone Library)。文华公书林建成时藏书 3 万册，内有可容千人的演讲厅，还添置钢琴、留声机、电影放映机等。到 1921 年，文华公书林藏书猛增，读者甚众，馆舍不敷应用。其时韦棣华又筹款进行了扩建。

文华公书林寓意"公之于众"，独立于文华大学之外，并不为文华大学私有。韦棣华始终坚持这一点，直到她逝世前于 1930 年12 月 10 日所立的四项遗嘱中，第一项便强调："文华公书林不作为华中大学(1924 年文华大学改组为华中大学)图书馆，必须保持独立，为民众服务。"因而被誉为"武汉三镇各机关、各学校、各人士皆得而应用之公共图书馆也"。①

文华公书林落成后，学校师生和社会人士都可利用。馆内设编目室、参考室、阅览室、报纸杂志室、书库和商学书籍、研究中国的外文书籍专藏室。图书馆全面引进西方图书馆学的"科学管理"，采用《杜威十进分类法》分编，率先采用卡片目录，采取开架式借阅。文华公书林即为公共图书馆，很注意突出一个"公"字，不仅要吸引文华的师生，还需吸引武汉的民众。

---

① 胡莲孙. 武汉公共图书馆的发展[J]. 武汉文史资料，2011(3).

　　文华公书林建成之初，来馆阅览的人寥若晨星。韦女士采取了各种阅读推广方式，来提高公书林的来访率。

　　公书林首先设法为武汉三镇学生服务。在当时社会不发达，还有很多人不知道或不懂得如何利用图书馆学习的情况下，文华公书林十分注意宣传图书馆的功用。首先利用本校教师鼓励学生课余到公书林阅览，为学生提供各类新书的借阅服务，并推介课程论文相关的书刊资料。此外，文华公书林在饭后、晚上、节假日等学生的闲暇时间均开放。另外，韦棣华访问武汉各校校长，希望他们支持图书馆的工作，并举行大学演讲，邀请中外名人或到过武汉的专家来公书林定期演讲，对外赠送演讲券和阅览证件。每次演讲之先，接待读者纵览各种书报，同时向其解释公书林的性质。公书林采取周末和春、秋两季讲演的形式，其内容有自然科学和社会科学。为了吸引读者和听众，讲演前有音乐会，讲演中还穿插电影和幻灯。演讲会每月举行两次，坚持了数年之久。同时还举办音乐会、流动图书展、戏剧表演等活动扩大影响。

　　来公书林阅览书报的人渐渐增加，除了武汉的师生，中药店、洗染店、瓷器店、面粉号等小商铺和住宅用户也纷纷来到公书林阅览。书籍中借阅率最高的是小说，位居第二的是儿童读物，社会科学、游记传记、应用艺术的借阅率也很高，但韦女士还以阅览未能普及为恨。公书林地处武昌城东北边，较为偏僻。韦女士鉴及此点，于是又设立分馆于长街适中地点，如在圣·迈克尔教堂和特里尼蒂教堂建立了两个公共阅览室，一个向居民、学生和军人开放；另一个向商人和店员开放。

　　为了进一步扩大文华公书林的影响，她又采取办流动图书馆的方法，深入到学校、工厂中去。她的学生和助手沈祖荣回忆道："流动图书馆不仅把书送到政府机构和教会学校，而且也把书送到公共机构中去，像汉阳钢铁厂，粤汉铁路，扬子江工程公司等。

公书林还服务到更远的地方：岳阳、九江、宜昌、南昌、上海、开封、西安和北京等。有时全是英文书，有时全是中文书，有时是中、英文书各半。"流动图书馆沿长江到达很远的地方，甚至还北上到达北平。

文华公书林还首度推行巡回文库。将各种适用的书籍，每50册至100册，装箱分送各个学校、机关陈列，以便吸引读者。各巡回书库书籍的损失，如果不是出于有心，分送机构并不负赔偿责任。1926年时，巡回书库已分设23处。不止是武汉（武昌、汉口、汉阳）的学校，就是开封、北京、长沙、沙市等各地的学校、团体，也有巡回文库往还。

1914—1916年间，公书林与设在上海的基督教青年会全国协会的讲演部合作，携带各种仪器和有关图书馆的展览品，从湖北到湖南、江西、江苏、浙江、河南、山西、河北、北平进行巡回演讲，向民众普及图书馆知识，走遍了当时中国的14个大城市，在全国产生了较大影响。为此，公书林引起了我国民众以及图书馆界人士的关注，"远道之来请益者日众"。[1]

【分析点评】

文华公书林是中国最早的公共图书馆之一，其虽立足于学校，但服务理念和实践均面向公众，开面向公众服务之先、开架阅览之先、设巡回书库之先、推广阅读之先，可以说开创了中国公共图书馆的新局面。

著名教育家蔡元培先生曾这样评价文华公书林："至于为平民谋便利而设图书馆，则最近数十年学制革新以后似有之。而韦女

---

[1] 阎鸣，段国桥. 武汉最早的公共图书馆——文华公书林[J]. 湖北档案，2000(2)：27.

士创办公书林恰当其实……文华公书林于众图书馆中乃知老成先进，弥孚众望。坐观学术，循序发展。"①可谓是对文华公书林恰如其分的评价。

【资料来源】

1. 沈祖荣著，丁道凡搜集编注. 中国图书馆界先驱沈祖荣先生文集 1918—1944 年[M]. 杭州：杭州大学出版社，1991.

2. 中国图书馆学会主编. 百年大势——历久弥新[M]. 北京：科学出版社，2004.

二、播撒阅读种子，守望心灵麦田——"全民阅读论坛"暨各地讲座活动

2011 年 5 月的一天，浙江省永康市图书馆的报告厅已人满为患，与往常不同的是，村长来了，村支书来了，居委会主任也来了，他们有的是刚忙完农活，有的是刚处理完邻里事务，听众席中还有来自全国各地的专家学者，大家济济一堂，聚精会神地聆听各位权威专家的报告。这就是第五届"全民阅读论坛"的场景，论坛的目的是为了弘扬藏书文化传统，推动全民阅读活动的开展。

为推进全民阅读活动的开展，中国图书馆学会于 2005 年成立了阅读指导委员会，后更名为阅读推广委员会，作为中国图书馆学会致力于阅读推广、研究的专门工作委员会。"全民阅读论坛"即在此背景下应运而生。

"全民阅读论坛"是中国图书馆学会阅读推广委员会建立的品牌项目，于 2007 年创立。"全民阅读论坛"主要由各地公共图书馆承办，每年举办一次，迄今为止已成功举办了五届，每届的主题、

---

① 蔡元培. 裨补学界，潜滋暗助——纪念韦棣华来华服务三十年. 文华图书科季刊，1931(3).

主办地、读者皆不同，有关于国内外阅读推广的理论探讨，有面向全国、选取各地图书馆开展阅读推广活动的先进经验所进行的专家学者的交流讲座，也有结合当地特色而进行的本土文化的推广与交流。如首届"全民阅读论坛"于 2007 年 4 月在广州中山大学图书馆举行，主题为"数字时代的阅读"，论题涉及数字时代的阅读传统、电子阅读与导读、数字图书馆的普及应用与发展前景、世界各国的图书阅读运动、我国台湾地区全民阅读的开展与现状等。我国台湾大学图书馆资讯学系暨研究所主任黄慕萱教授在阐释"阅读"的概念、动机和重要性基础上，全面介绍台湾地区的阅读现状，对台湾的全民阅读发展历程进行了详细的阶段性的历史回顾。武汉大学信息管理学院副院长王新才教授介绍了在线阅读和导读的重要意义、技术和方式。中国图书馆学会科普与阅读指导委员会（阅读推广委员会前身）主任委员、北京大学信息管理系主任王余光教授作论坛的压轴发言，他介绍了本届论坛召开的缘起，阐释了自己对阅读和全民阅读重要意义的观点，强调了数字时代下传统阅读的重要性。

第四届"全民阅读论坛"于 2010 年 4 月在深圳举行，论坛围绕"保障阅读权利、享受阅读快乐"的主题，推出了四个精彩讲座，分别为图书馆讲坛推广委员会副主任、上海图书馆讲座部主任拱佳蔚的《阅·讲越精彩》；阅读推广委员会副主任、国家图书馆社会教育部主任曹宁的《国家图书馆社会教育工作的回顾与反思》；深圳市盐田区沙头角街道图书馆馆长罗小红的《播撒读书的种子——沙头角图书馆"小桔灯"阅读计划推广介绍》；青少年阅读推广委员会委员、我国台湾大学图书资讯学系教授陈书梅的《绘本书目疗法与儿童心理健康关系》。以上的阅读推广实践者以特定读者群为对象，对他们的特点和需求进行了深入探究，从而提出了具有针对性的、定制化的阅读解决方案。这样的阅读推广经验，使

来自全国图书馆界、出版界、相关媒体和有志于阅读推广事业的
200 多名专家同道以及深圳本地的读者受益良多。

　　而于 2011 年 5 月在浙江省永康市举行的第五届"全民阅读论
坛",则结合了永康本地特色来开展。在永康这个著名的历史文化
名城里,藏书、读书风气醇厚悠久,至今古风犹存,因此本届论
坛主题定为"藏书益知 读书增慧"。论坛向公众开放,永康当地各
界读者参加了论坛。为了推动农家书屋的建设,论坛还邀请了部
分村长、村支书、居委会主任等参与。论坛上,阅读推广委员会
主任、深圳图书馆吴晞馆长,阅读推广委员会副主任、南京大学
徐雁教授,浙江省图书馆学会秘书长、阅读文化研究委员会副主
任袁逸,永康市图书馆馆长徐关元分别作了《文明传承与图书馆藏
书》、《"文学好书"与"文学疗癒"》、《读书声里是我家》、《私人藏
书与阅读推广》的报告。永康市藏书家代表吴良忠还在致辞中专门
介绍了永康市藏书家的现状,并于论坛期间进行了他个人收藏展
览,让大家得以一窥永康这个有着悠久藏书文化历史名城的风貌。

　　"全民阅读论坛"的设立,旨在进一步推进全国民众的阅读活
动,引导全民阅读的方向,形成全民学习、终身学习的学习型社
会,促进人的全面发展和社会和谐发展。自活动开展以来,收到
了良好而广泛的社会影响,为推动全社会的阅读,提高全民读书
兴趣、增强城市文化内涵发挥了积极的作用。

　　全国各地公共图书馆围绕全民阅读,也面向公众纷纷开展了
许多形式多样、丰富多彩的论坛讲座活动,建立了自己的品牌项
目。如上海图书馆讲座打出了"城市教室,市民课堂"旗号,其内
容涉及时政热点、文化艺术、法律社会、科技教育、经济金融和
健康生活六个大类,推出了"都市文化"、"名家解读名著"、"2010
年上海世博会"、"上海发展讲坛"、"世界与上海"、"信息化知
识"、"知识与健康"等系列讲座。以"名家解读名著"系列为例,这

是一档与上海作家协会共同主办的讲座活动，每月邀请上海著名
作家或文化名人解读一部经典文艺作品，不仅拓展了读者的阅读
视野，也给埋头笔耕的作家提供了一个交流和分享的平台。围绕
"阅读"主题，上图讲座不定期地邀请了大量国内外名人学者，他
们来自于不同学术领域，却都以"阅读"为题，畅谈自己的阅读生
活、阅读感悟，以传递各自不同的阅读观。上图讲座还与时俱进，
推出立体交互式的讲座模式，如2011年上海书展文化讲坛上，上
图讲座引入"微博现场互动"，将传统的讲座形式和最新的网络互
动模式完美结合，多维度地将讲座延伸开展。

　　此外，国家图书馆的"文津讲坛"、首都图书馆的"首图讲坛"、
山东图书馆的"大众讲坛"、湖南图书馆的"湘图讲坛"、深圳图书
馆的"市民文化大讲堂"、苏州图书馆的"苏州大讲坛"等在各地都
具有深远的影响力。

【分析点评】

　　"全民阅读论坛"强调以推广阅读为根本使命，使阅读真正成
为论坛的逻辑起点与终点。在活动策划中，一方面，摒弃了"为了
讲座而讲座"的局限，明确策划导向，坚持所有讲座围绕推广阅读
展开、所有资源围绕推广阅读分配；另一方面，着力从活动策划
细节上解决论坛与阅读的融合问题，具体通过采取对与阅读相关
的内容、方式、人群、导向、资源、空间等要素进行持续深入的
研究与推介，为论坛提供了丰富的资源与土壤。"全民阅读论坛"
的开展使"阅读"本身成为论坛的主题，并成为各级图书馆开展讲
座业务的基本使命与目标，由此引发全国范围内阅读类讲座活动
持续深入开展。

　　经典童话故事《花婆婆》，讲的是花婆婆为了让世界变得更美

丽，到处播撒鲁冰花的种子，漫山遍野的鲁冰花让这个世界变成大花园的故事。全民阅读论坛暨各地讲座活动的开展，就如同播撒下的阅读的种子，对于倡导全民阅读，守护人类心灵的成长，培养市民形成好读书、读好书的习惯，构建学习型社会，提升城市文化品格，营造一个充满书香的社会，推进人类文明的进程，起到了不可估量的积极作用。

【资料来源】

中国图书馆学会阅读推广委员会和"全民阅读"网．http://www. lib-read. org.

三、让阅读走进生活，让城市弥漫书香——慈溪全民读书月活动

以读书节庆为题开展阅读活动，是近年国内各城市公共图书馆较为常见的一种重要活动方式。浙江省慈溪市全民读书月即为一例。慈溪全民读书月自 2001 年创办，时间为每年 9 月中旬至10 月中旬。慈溪全民读书月秉承"让阅读走进生活、让城市弥漫书香"的宗旨，以其丰富的内容和多样的形式，吸引了数以万计的参与者，创出了阅读论坛、职工报告会、读书征文、藏书家庭评选等品牌活动，培植了"农民读书协会"、"职工读书协会"、"读书爱好者协会"等多个读书群体，为慈溪这座充满创业人气、创新灵气、竞争朝气的城市注入了一股清新的书香气息。

2006 年慈溪全民读书月活动围绕"享受阅读快乐，构建书香慈溪"这一主题开展"读书乐"全国摄影比赛优秀作品展、"读书使我快乐"征文、读书讲座、科技图书展、启动网上书城等一系列活动，引导市民有所学，有所习，有所思，有所悟，把慈溪的优秀文化底蕴发扬光大。

2008年慈溪全民读书月活动举办了"家乡的变化"征文活动、"书香校园"系列活动、阅读状况调查、职工巡回报告会等一系列活动。收集余秋雨、王巨才、黄亚洲等国内20余位著名作家、诗人作品的《慈溪印象》一书在闭幕式上同步首发。

2009年，在举国上下庆祝新中国成立六十周年之际，慈溪市第九届全民读书月活动启动，大力倡导全民阅读，着力构建学习型社会，以弘扬"慈惠三北、溪通四海"的新慈溪精神，倡导文明和谐的社会风尚，全面提升城市文化软实力。此届读书月采用市镇联动、城乡互动的形式，活动安排分市级主题活动和镇级配套活动两个部分，凸显全民阅读的广泛性、多样性和群众性，努力形成全民参与的良好氛围。其中在启动仪式现场举行的"我爱读书·欢乐猜"活动更是吸引无数市民踊跃参与。台下的动脑筋、猜谜语，奖品拿到手软；台上PK的勤思考、巧答题，大奖个个到手。此届读书月开展了"书香家庭"评选、文化名人讲座、未成年人读书节、优秀职工巡回报告等13项市级主题活动和名著改编电影展播、诗歌论坛、图书馆夜间岗、村民读书会、社区教育读书活动等形式多样的63项镇（街道）配套活动，吸引大量基层干部群众参与，提升市民素养，倡导文明新风，"阅读丰富人生、阅读涵养素质、阅读提振士气"的观念已逐渐深入人心，正在成为广大市民的自觉行动。

2011年慈溪市第十一届全民读书月以"品味书香，感悟文明"为主题，采用部门联动、市镇互动、全民活动的形式，分为"书读五年"、"读书明理"、"沐浴书香"三大板块，举行好书推荐、送书进村（社区）、主题读书征文、文明结对赠书、农家书屋建设、市民终身教育网推广等55项活动，充分体现全民阅读的广泛性、多样性、互动性和群众性。

经过11年的发展，慈溪的全民读书月活动从无到有、从小到大，越来越多的市民参与其中。截至 2010 年，共举办全民读书文化活动 450 多项，捐赠各类书籍 20 余万册，举办各类专题讲座 160 多场次，参与人数累计 60 万人次，辐射人数 180 万人次。一轮又一轮"多读书、好读书、读好书"的热潮，为市民和城市的再出发蓄积了力量，读书月活动已成为慈溪市一张新的城市名片。

【分析点评】

慈溪全民读书月是全国读书节庆活动的一个缩影。透过这一活动，综观全国，各地的读书节活动在组织上大抵有些共同之处。一是多部门、多单位协力联办读书节。各地读书节活动主办单位多为省、市政府相关部门，如宣传部、文化局、教育局、新闻出版局等，承办单位多为出版发行集团、图书馆、报社、广播电视集团等。各部门和各单位通力协作，整体推进读书活动的开展。二是举办时间相对集中。从 4 月到 12 月，几乎每个月都有城市在举办读书节活动，但主要集中在 4 月和 9 月，即"世界阅读日"期间和孔子诞辰日（9 月 28 日）期间。但各省、市读书节活动时间长短各异，一般持续一个月，短的一个星期，如兰州读书节；长则半年，如南通农民读书节和广东"书香岭南"全民读书活动。三是读书节多有明确的指导思想、宗旨和口号。各省、市读书节的主题多体现本土文化特色，或者与国家政策、当年时事和城市发展相联系。四是活动范围广泛，多集中在城市，少数实行城乡联动。五是读书节活动内容丰富，形式多样，讲求实效。对象从幼儿到老人，从纸质阅读到网络阅读，使社会各群体都能参与到读书活动中来。同时，几乎所有省、市的读书节活动都会邀请文化界专家学者或作家，吸引广大民众参与。六是注重媒体宣传，扩大社会影响力。

温家宝曾经说过："书籍是不能改变世界的，但读书可以改变人，人是可以改变世界的。读书可以给人智慧，可以使人勇敢，可以让人温暖。我曾在中国政府网在线交流时说过，我愿意看到人们在坐地铁的时候能够手里拿上一本书。"全国各地的读书节活动正是在完成这样一种阅读普及的使命。

【资料来源】

慈溪图书馆网站. http://www.cxtsg.com.

四、上网，不知老之将至——苏州图书馆"扶老上网"活动

"苏州各图书馆举办老年人电脑培训班，这是一个很好的举措。说实话，对于电脑这种新科技，我们这些退休的老年人，是电脑盲，而我们的儿辈们都很精通，平常经常玩电脑。我们想学，但怕记性不好，不敢学，怕学不好，让儿辈们笑话，进退两难。这一次苏州各图书馆开办免费培训班，我们很高兴，积极报名参加。我们5人是第九期学员，初次接触电脑，心情既兴奋，又紧张，但是在两位老师亲切、耐心的指导下，初步消除了顾虑，兴趣越来越浓，积极性越来越高……"这是一封来自苏州图书馆潼泾分馆第九期电脑班5位学员的表扬信。

自2008年起，苏州图书馆以平江历史街区分馆为试点，推出了"扶老上网"免费培训活动，受到了老年朋友的欢迎。从2010年6月开始，苏州图书馆及各分馆全面开展了"扶老上网"免费培训。截至2011年年底，共有53位工作人员经过专门培训，开展培训447期(本馆10期，分馆437期)，2 643名老年读者(本馆300人，分馆2 343人)参加了培训，学员多为离退休中老年人，年龄最大的88岁。

"扶老上网"培训中，苏州图书馆依托总馆及各分馆的电子阅

览室，提供"扶老上网"学习手册，开办电脑操作课程讲授，对自愿报名学习的老年读者开展培训和指导。培训分为初级班和中级班。初级班面向从来没有接触过电脑的学员，主要辅导键盘认识、输入法使用、开关机常识、鼠标使用等。中级班则针对已经具备一定电脑常识的学员，主要辅导网络聊天、网页浏览、收发邮件、数据存储等。"扶老上网"培训由苏州图书馆辅导部、采编部、借阅部等几个部门共同合作开展。首先由辅导部编写"扶老上网——电脑入门基础教程"和"扶老上网——网络简明教程"教材，制作讲授课件，组织馆员进行先期培训，进而由借阅部和采编部在苏州图书馆本部及各分馆全面开展培训。

2011年，苏州图书馆各分馆在原有活动的基础上，加强了与所在街道、社区的合作，扩大宣传面，增强宣传力度，在各培训点统一悬挂标牌，同时进一步细化工作，根据学员的实际需求开设了"入门、提高、兴趣"三类进阶式课程，并完善了相应教材，循序渐进，由浅入深地传授相关知识。为配合"扶老上网"培训的开展，苏州图书馆还组织开展了针对不同阶段学员的"计算机技能竞赛"、网络征文、网页制作等活动，并评选出优秀学员予以奖励；还为学员建立了专门的QQ群，为他们提供交流、学习的平台。

"扶老上网"培训因其零费用、无障碍，得到了老年读者的积极响应。活动一经推出，报名者如潮。参加完培训的老年读者摘掉了"电脑盲"的帽子，基本达到"一入两会"，即基本掌握电脑入门知识，初步学会打字、会上网。他们也纷纷对苏州图书馆工作人员表示感谢，其中印象最深的是：一位开着残疾人电动车的"好婆"，每次都来分馆参加"扶老上网"培训，培训结束后还开着车到图书馆的办公室，当面向工作人员表示谢意。

"扶老上网"活动获得了第五届苏州阅读节"优秀活动奖"，媒体和社会各界也给予了高度评价。

【分析点评】

网络社会和社会老龄化已经成为 21 世纪的时代特征。一方面，互联网已深入人们的生活，老年人虽然由于生理、心理、知识、经济和社会等种种因素制约，在网络社会中处于弱势状态，但他们同样具有强烈的信息需求。另一方面，社会老龄化问题日益凸显，公共图书馆作为社会公益事业，也是老年人休闲的聚集场所，有责任也有义务急老年朋友之所急、想老年朋友之所想、帮老年朋友之所需、解老年朋友之所忧，满足老年读者读书看报上网的需求。苏州图书馆的"扶老上网"活动正是履行这一职责的先行者。

对图书馆而言，面向老年读者的"扶老上网"免费培训，既有助于老年读者提高上网水平，提高老年人的生活质量，受到老年人的普遍欢迎；而培训中工作人员热情、耐心的服务，也提升了公共图书馆的形象。在当今社会老龄化问题日益凸显的情况下，公共图书馆作为社会公益事业，为其提供更为广泛、便捷、免费的培训服务，意义深远而重大。

【资料来源】

苏州图书馆辅导部.

五、攀枝花开，书香四溢——攀枝花市图书馆农村服务活动

2006 年年底，四川省攀枝花市仁和区大龙潭乡的一位农民读者来信向攀枝花市图书馆反映，他们所在的乡无报可看、无书可读，农民朋友特别是年轻一代的农民朋友无所事事、终日闲荡，对他们的前途非常担心。希望市图书馆能送一些书下来，让他们

开开眼界、学些知识。攀枝花市图书馆接到此信后非常重视，派了34人次到各乡镇调研，其结果让人触目惊心：67%的乡镇无专门图书室、无图书、无管理人员，22%的乡镇有图书室（含合用）、书少、低于100册、破损严重、有兼职人员，只有11%的乡镇才有专门的图书室，多于100册的图书、有兼职人员，村里的情况更加不尽如人意。为了改变这种现状，同时也为了扩大自己的读书群和服务范围，攀枝花市图书馆于2007年启动了"大地书香新农村家园工程"。

攀枝花市图书馆在乡、村设置了乡（镇）综合文化站图书馆和村文化活动室、图书室。乡镇图书室的面积不少于50平方米，村图书室的面积不少于30平方米。2007—2009年，攀枝花市共建成了44个乡镇综合文化站（含图书室），352个村文化活动室（含图书室），130个社区文化活动中心（含图书室），226个"农家书屋"。市图书馆每年定期举办《农村基层图书管理员培训班》，对各区县图书馆馆员、乡镇、村文化专干、图书辅导员统一进行培训，让乡、村图书工作人员交流经验，互相学习，提高基层图书管理员的整体服务质量。

为丰富农民朋友精神文化生活，攀枝花市图书馆开通了图书流动服务车，定期为各乡镇、村图书室送书、送设备。2008年，市图书馆获得由汇丰银行提供的联合国儿童基金会赠送的儿童流动图书车，流动服务工作由乡镇、村图书室服务，延伸到学校，特别是地震灾区的学校，适时开展"捐赠助读"活动，为同德镇、迤沙拉村、平地镇、中坝乡等乡镇赠送图书。这批书籍内容健康向上，涵盖了文化教育、健康保健、政治法律、农村实用技术等各个方面，极大地丰富了基层群众的文化生活。市图书馆还建立了大龙潭乡、平地镇、务本乡等农村馆外借书点，不定期为借书点提供养殖、科普、娱乐等书籍。

　　为提升农村科技水平，攀枝花市图书馆常年坚持开展送科技下乡活动。馆员们为乡镇农民朋友编发《农村信息参考》、《烟叶种植》、《科学养殖》等一些科普小册子和科普宣传单，内容包括养殖天地、种植园地、动物诊所、优良品种、实用技术和生活百科等，适用于农民读者生产、生活和劳动的需要，解决了农村群众对科技文化的渴求，颇受农民读者的欢迎。2008 年 8 月 30 日当地发生 6.1 级地震后，他们在最短时间里编印了《地震来袭如何逃生》、《地震后如何自救与互救》及《地震灾后需严防传染病》等知识手册，及时送到灾区农民手里，受到灾区农民的一致好评。

　　攀枝花市图书馆的门口有一个近 40 平方米的 LED 电子显示屏，周末常常有市民聚在那里认真观看并爆发掌声。这是"攀枝花讲坛"的讲座活动正在同步进行现场直播，弥补了演讲厅座位有限的缺点，也扩大了讲坛影响力。"攀枝花讲坛"是由中共攀枝花市委宣传部、市文化局主办、市图书馆承办的面向全体市民的公益性讲座，自 2007 年 11 月开办以来，坚持每周一讲，邀请专家、学者、民间人士到讲坛授课。讲坛既坚持导向性、公益性、知识性、趣味性，又贴近实际、贴近生活；既受到本市读者的欢迎，又受到外地民众的喜爱。"攀枝花讲坛"多次深入农村，给农民朋友送去种植、养殖技术讲座。他们还把每期讲坛刻录成光盘送给需要的农民朋友；将讲坛内容陆续编印成册，赠送给基层图书室；和市电视台合作设置了"攀枝花讲坛"专栏，定期播放，让农民朋友通过电视观看讲坛内容。

　　攀枝花市图书馆坚持开展读书活动、培训活动等。2010 年和市文化局一起举办了首届农民读书节，举行了文学艺术进校园、百部励志电影展播、世博进校园图片巡回展、低碳经济图片巡回展、攀枝花讲坛"文化遗产在我身边"专题讲座、书香警营等系列活动。其他较有影响的读者活动还有：2007 年的"我健康，我快乐"；2008年的"传递奥运、书韵飘香"；2009年的"纪念建国六十周年百部红色经典影片展播"等。

攀枝花市图书馆着力建设的"大地书香新农村家园工程"，坚持免费借阅、超市式接待、计算机检索，每周开放70小时，逐渐构建了以市图书馆为中心，以县区图书馆为配送点，以乡村图书室为结点的全市图书服务网络，实现了以馆舍建设为支撑，以流动服务、培训辅导、"攀枝花讲坛"、读者活动为内容的乡、村全覆盖的读者服务，把乡、村图书室建成了向农民朋友传播先进思想的宣传阵地，促进农民致富的学习阵地，提高兴趣素养的文化阵地，开展文体活动的娱乐阵地，社会效益显著。2007—2011年，攀枝花市共建成44个乡镇综合文化站（含图书室），352个村文化活动室（含图书室），130个社区文化活动中心（含图书室），18个乡镇文化信息资源共享工程基层服务站；下乡送书4.6万册，送各种资料1.8万册，开办讲座260场次，培训基层图书管理人员2 200人次，举办读者活动2 268场次，170多万农民朋友受益。"大地书香新农村家园工程"2010年荣获文化部第十五届"群星奖"，2011年荣获"国家公共文化服务体系示范项目"。

【分析点评】

攀枝花市图书馆"大地书香新农村家园工程"面向农村，实现文化重心下移、资源下移，为统筹城乡发展、推动基本公共文化服务均等化，为保障广大群众特别是农民群众基本文化权益提供了一条有效的途径。

攀枝花市图书馆在西部地区特别是西部少数民族地区探索出了"文化主动、政府主导、市县投入、定时开放、活动统领、奖惩兑现、上下齐动、全民受益"的图书馆建设、运转、服务全覆盖模

式，对于西部地区抓好公共文化服务体系建设具有很好的推广
价值。

【资料来源】

攀枝花市图书馆.

六、缤纷文学读书节——香港公共图书馆"香港文学节"活动

1997 年，为了推动香港市民对文学艺术的认识和兴趣，推动
本地文学创作和阅读风气，香港公共图书馆创办香港文学节为市
民提供丰富和多元化的文学活动。香港文学节于 2002 年从第四届
开始由香港康乐文化事务署与香港艺术发展局合作，节目构思精
巧，内容与形式更趋多元，影响力得到不断扩大，至今已举办八
届，成为全港两年一度的文学艺术盛事。

香港文学的本土意识植根于 20 世纪五六十年代，历经半个世
纪的发展成就了不少出色的文学作品，承载着作者的情感体会和
身份探索，从语言、风格、技巧到素材都充分体现独特的香港本
色，构成香港文化面貌重要的一部分。与此同时，香港作为一个
快节奏的商业社会，物质消费至上带来民众阅读率的持续下降，
人们总是沉迷于街头的各类八卦刊物而极少触及稍有深度的文学
阅读。面对现状，香港公共图书馆以推动本地文学创作和阅读风
气为根本使命，于 1997 年创办香港文学节，借此呼吁全港市民投
入文学阅读。

香港文学节在主题选择上强调推动本土文学创作与阅读风气
的提升，对于本土化的高度关注，使得香港文学节特别注重对于
香港社会的理解与思考，它善于捕捉香港文化及社会生活发展的
最新脉络与动向，及时将最贴近生活、最能触动民众、最接近民
众文学情怀的元素注入其中。第六届香港文学节以"文学，就在生

活中"为主题,通过强调生活化的表达,使得市民亲近文学阅读。第七届香港文学节则以"书香·港情"为主题,通过回顾和梳理香港文学发展的脉络,使市民在文学中认识香港,感知香港文化情怀。

香港文学节内容多元、生动、丰富多彩,在策划上首先表现为对生活的关注,这使得活动在形式上更加友好,亲近民众,强调互动与沟通,善于通过民众最喜闻乐见的形式传递对于文学与阅读的坚守。香港文学节核心的板块包括专题展览、研讨会、与创作人对话、交流会与工作坊、文学讲座、文学行脚、艺萃活动、文学电影赏析及研讨、文学作品演绎比赛等。最有特点的"文学行脚"活动,让阅读同逛街一样,在行走中阅读。它通过召集市民与专家学者一同踏着作家往日的足迹,通过走读的形式,寻觅他们笔下的香港地方风貌,探寻作品背后的背景故事与创作历程。第八届香港文学节中"文学行脚"板块,开展最富香港文化特征的"电车轨迹"、"围屋风情"等走读项目。

香港文学节是由香港公共图书馆系统同香港艺术发展局联合主办,香港各社会机构、社区及民间团体深度参与的文学与阅读嘉年华。文学节不仅是个阅读推广平台,更是一个文学创作和文学资源收藏平台。每年的香港文学节能够激发市民参与文学创作的兴趣,通过活动平台产生大量优秀的文学作品。这些作品被集结成册,活动的讲座录音、影像资料等都将成为香港公共图书馆馆藏的重要组成部分。

【分析点评】

文学是最丰富、最有营养的阅读食粮之一。阅读与文学联系在一起,最能彰显其丰富生活、温润人生的价值。香港文学节,以文学为媒，以缤纷多元的艺术表现形式传递文学阅读之于香港社会文化生活的重要价值，从而达到推动文学与鼓励阅读并重的目标。"香港文学节"以精心选取的，紧密联结社会、文化、教育、时事等多领域主题为核心，辅之以多元而富有创意的活动形式构思，通过覆盖全港的公共图书馆网络体系，并在教育机构、专业机构协助与通力合作之下，为香港文学与阅读推广展示多元与专题并重、深度与广度兼具、政府与民间共同参与，且具延续性的阅读活动。

【资料来源】

香港公共图书馆网站. http://www.hkpl.gov.hk/.

七、从"门可罗雀"到"门庭若市"——台湾台中县大安乡立图书馆阅读推广变革

乡镇图书馆与社区图书馆是公共图书馆服务体系的根基，但往往此类图书馆面临着馆藏不足、经费紧张、空间狭小、设备陈旧等诸多问题，从而导致图书馆利用率低下，"门可罗雀"成为乡镇图书馆的普遍现象。位于台湾台中市的大安乡立图书馆，针对该问题采取诸多变革措施，实现了该馆从"门可罗雀"到"门庭若市"的转变。

大安乡立图书馆是位于偏远乡镇的小型农村图书馆。图书馆所在地——大安乡是台湾地区典型的以农业为主的乡镇，辖区人口仅约两万人。与很多乡村图书馆一样，由于所在辖区人口稀少，地处边远，基本服务功能不完善，大安乡立图书馆的读者到馆率极低，几乎可用门可罗雀来形容。为了改变这一现状，提升图书馆利用率，大安乡立图书馆从2003年开始进行了多方面的改造与变革。

大安乡立图书馆借助"台湾公共图书馆空间及营运改善计划"获取政府资助,改善馆舍内外空间。为了节省支出,同时尽可能满足读者对于图书馆舒适度的需求,乡图书馆采取由馆员、当地美术老师和小朋友构思,延伸空间理念,逐步将许多空间改造成为舒适愉悦的阅读空间。

与此同时,大安乡立图书馆从服务形态上进行了前所未有的变革:(1)取消以往繁杂不便的服务规定,施之各类便民举措,以开放、欢迎的姿态迎接读者的到来。虽然只是小变动,却让读者感受到方便,从而避免让不必要的制度与规定将读者拒之门外。(2)开展阅读推广活动,吸引读者走进图书馆。如针对借书证实行普卡、金卡、白金卡的分级制度,鼓励阅读;针对儿童开展"小朋友快乐学习护照";主动与当地学校建立联系,开展师生"图书馆之旅"活动;"结盟特约商店"持借书证可享消费折扣与优惠活动等。通过变革阅读服务形态,进馆读者急剧增加,经过一年多的时间,图书馆馆藏借阅人次增长3~4倍。

作为一个经济相对落后的乡村图书馆,大安乡图书馆面对经费与人员紧缺的问题,充分发挥当地义工和志愿者的作用。他们将义工分为三类:大义工、小义工、故事义工,分别承担不同的图书馆服务职能,这在很大程度上减轻了馆务工作负担,提升了服务水平。此外,在开展阅读活动方面,采取由社区"认养"或赞助的方式,如"图书馆之旅"服务车、书柜的赞助等。社区资源的运用,一方面解决了图书馆面临的经费与人员短缺问题,更为重要的是提供给社区居民参与图书馆经营与管理的机会,增加民众与图书馆相互间的认同感。

大安乡立图书馆以往开展阅读推广活动面临的主要困境是,举办了大量的文化活动,但活动结束后民众并不愿意真正踏进图书馆。针对这一问题,大安乡立图书馆认识到活动虽多,但缺乏有效的目的性与针对性，虽受欢迎，却并未对提升社区民众的阅读兴趣有所帮助。于是，变革后的大安乡立图书馆坚持以推广阅读为目的的活动理念，无论活动形式如何变化，都将促进民众阅读、提升阅读兴趣融入其中，通过活动使民众喜欢阅读，进而喜欢图书馆，走进图书馆。

大安乡立图书馆将开展阅读推广活动与促进本馆服务紧密结合起来，既注重硬件，如馆内环境氛围的提升，又注重软件，如服务思路及方式的调整；既善于争取上级政府的资金及政策支持，又善于运用社区资源服务于图书馆，从而成功实现图书馆从"门可罗雀"到"门庭若市"的转变。经过一系列的变革与阅读推广措施，台中县大安乡立图书馆先后荣获"台中县绩优图书馆选拔第一名"，"2008年县市乡镇图书馆补助计划——营运绩优标杆计划"，台湾地区公共图书馆界最高荣誉——台湾"教育部"颁发的"金图书馆"奖。

【分析点评】

在我国，农村和农业人口占有极大比重，乡镇与村级公共图书馆发展尚处于起步阶段，大多存在先天不足，专业人才、资金、资源、设备短缺，发展理念落后等问题，"门可罗雀"更是普遍现象。台湾地区乡村图书馆的发展经验值得借鉴，通过实现硬件升级，改变服务方式，利用社区资源，开展阅读活动等方式促进乡村图书馆发展。

【资料来源】

1."国立"台中图书馆. 公共图书馆挑战与学习. "国立"台中图书馆，2003.

2. 杨川钦. 大安乡图书馆获"金图书馆"奖. 大华晚报. [2012-03-16]. http://www.dawanews.net/news1_1.php?ID=26659%27.

八、一城一书——美国图书馆协会"同读一本书"活动

美国"一城一书"活动起源于 1998 年南西·波尔（Nancy Pearl）在西雅图公共图书馆举办的"如果全西雅图阅读同一本书"的活动。活动旨在让社区中的所有居民都来阅读并讨论同一本书，从而提升读写能力，促进社区的关系，引起社区公民的共鸣，增进社区公民的归属感。尔后，该活动经美国图书馆协会（ALA）的公共计划部门提倡并风靡全美。根据美国国会图书馆主页登记情况统计，美国 51 个州有 383 个社区举办一城（社区）一书的活动，覆盖了美国大部分地区，还发展到加拿大、英国和澳大利亚等国家。"一城一书"活动逐渐由美国向全球范围内延伸，成为阅读推广活动领域的经典案例。

1998 年，西雅图图书馆馆员南西·波尔发起的"如果全西雅图阅读同一本书"活动，由西雅图市民选出该年度票房电影原著《意外的春天》(*The Sweet Hereafter*)一书，让全城一起阅读，顺利创造全民阅读话题。该书讲述的是冬天一场学校交通车的意外事故，使得山姆·丹特(Sam Dent)小镇上的父母们失去了他们的孩子，正在悲伤的时刻，一位城市的律师来到了小镇，开始说服父母们联合起来打一场官司，控告那看不见的罪魁祸首。在访查的过程中，平静小镇中不为人知的一面逐渐显露出来，而这些真相将会使小镇分崩离析。人们要如何从这场伤痛之中重新站起来，重新掌握未来的春天呢？

由南西·波尔发起的"一城一书"活动，由里拉·沃雷斯读者阅读基金会(LilaWallace Reader's Digest Fund)和当地几个赞助商

资助，同时在 1998 年 10 月邀请书的作者罗素·班克斯（Russell Banks）到西雅图举办见面会并参与读书讨论会。通过提倡社区居民共同阅读，让社区居民聚在同一个地点讨论书的内容，分享每个人的思想，促进相互之间的认识，从而使社区关系更和谐融洽。

之后，全美各地仿效，出现"一城一书"、"一社区一书"等活动，搭配读书会、征文、学校推广等活动。美国图书馆协会还发展出一套推广参考方案，到现在全美已经有 130 个城市参与"一城一书"运动，成为美国阅读文化重要的一环。

该活动在美国图书馆协会的推动下，每个城市的活动都有各自的目标。它们通常都是建立一种和谐的社区关系，提高社区居民的读写能力。活动内容不仅仅包含每个人都读同一本书，还包括读书讨论会，有关该书或相关主题的学术演讲、作者访谈、展览，由书改编的电影放映等。美国图书馆协会负责发行此项活动计划指南书或光盘，为准备举办相关阅读计划的机构提供明确的行动方案。

"一城一书"行动计划指南中包括六个方面：（1）计划目标的制订。阅读计划的目标通常包括：计划目标、读者目标、专题目标和社区目标。（2）制订计划时间表。活动从计划到实施需要一年的准备时间。（3）图书的选择。书是社区阅读计划的核心，选择图书首先要考虑计划的目标。选择图书应考虑以下因素：目标群体的文化程度、年龄范围、语言习惯；书的内容是小说或非小说、经典或非经典、本地区或本州；或者其他因素例如印刷数量、翻译语种、纸质版本、合理价格等。（4）发展相关活动。包括读书讨论会、有关该书或相关主题的学术演讲、作者访谈、展览、由书改编的电影放映等。（5）活动推广计划。包括通过报纸、广播、电视、网络、杂志五大媒体的宣传，通过私人关系的宣传、广告宣传以及公共演讲、电子邮件等形式的推广宣传活动。（6）评估。通过活动开展后的评估，既有利于改进活动的不足，也有利于资源的有效利用，提高活动的效率。

同时，美国国会图书馆的阅读中心负责保存美国"一城一书"活动的开展情况，在阅读中心的主页上同时登记有根据州、城市、书的作者和书名来分类的活动记录，并有相关记录的网站链接。阅读中心还负责登记举办过相关"一城一书"活动的记录，并不断接受新的活动记录登记。

美国图书馆协会的社区阅读指南中，华盛顿的麦格瑞（Mary McGrory）指出，社区阅读活动是由共同的书开始，在非常和睦的情况下结束的阅读活动；而"一城一书"活动的发起者南西·波尔表示，社区人们很少在家庭以外与陌生人聊天，社会几乎没有提供一些机会给不同文化传统、不同经济水平或不同年龄的人坐下来聊天，社区的阅读计划就可以提供这样的机会，让不同背景的社区人们坐下聊天、讨论以拉进人与人之间的距离；而奥斯汀市长格斯·加西亚（Gus Garcia）指出，他希望社区人们能互相联系，希望有一种方式作为社区人们交谈的基础，阅读计划就是这种交谈机会的开端。

【分析点评】

"一城一书"活动能够在短时间内从西雅图发展为具有全球影响力的全民读书活动，究其原因主要有以下几点：其一，能够形成阅读焦点，可以最大程度唤醒市民的阅读热情，集中各方的阅读注意力，让私人的阅读兴趣在公共阅读事件中酝酿得更浓厚和持久；其二，制造共同话题，为人与人之间的交流创造一个机会，一个话题空间，更鼓励通过讨论和辩论就某些原本歧见纷出的问题达成新的共识；其三，推动深度阅读，提倡精读一本书，重温一本书，促使那些习惯"浅阅读"的人通过参与各项活动，认识到只有读深读透一本书才可以和别人进行有效沟通，最终树立起深度阅读带给一个人的荣耀和尊严；其四，如果所选书籍和本城、本地或本社区有关，可以激发市民对家乡历史或现实的了解与热爱，在阅读中增强家园感，在交流中多几分"月是故乡明"的温暖，减几分"生活在别处"的漂泊无依情绪；其五，因为各项活动皆围绕一本书在纵横两个方向展开，全民读书活动或许会避免无主题或多主题带来的华而不实、大而不当，会因此少一些"热而虚、高而飘、上热下冷"的弊端，会让各类活动变得焦点更集中，收获更明显，影响更普遍，反应更热烈，步伐更踏实。

【资料来源】

1. http://www. ala. org/ala/aboutala/offices/ppo/index. cfm.

2. 牧村. 一城一书如何. 深圳商报，2009-08-12.

3. American Library Association. One Book One Community. 2003，http://www. ala. org/ template. cfm? Section ＝ ppo:1-44.

4. 一城一书. 美国公共图书馆协会公共计划部门网站. http:// publicprograms. ala. org/orc/discussionprograms/bookdis-cussion/onebook. html.

九、"读吧！新加坡"——新加坡国家图书馆全民阅读活动

"读吧！新加坡"（Read! Singapore）是新加坡每年一度、最具规模和影响力的全国性阅读推广运动，自 2005 年开始至今已连续举办七届。"读吧！新加坡"运动深受欧美阅读推广活动影响，同时又极具新加坡本土及多元文化特色，它的宣传口号简洁、明快、富有力量，既反映出阅读之于国家与国民的紧迫性，又彰显出阅

读运动所呈现出的动感、快乐、生活的气息。"读吧！新加坡"作为华人世界最具标杆意义的国家级阅读活动对于当今中国极富借鉴作用。

20世纪90年代，新加坡全民阅读率出现持续下跌，为了促进和推广全民阅读，新加坡国家图书馆借鉴美国、加拿大、英国和澳大利亚等国开展的"一城一书"的活动经验，在其国内读书活动的经验基础上，于2005年推出了"读吧！新加坡"运动。

"读吧！新加坡"包括开展图书讨论会、作者见面会、话剧表演以及各种竞赛活动等，活动同时还会建立一些特殊群体的俱乐部。针对青少年，组织者还特地开通了博客、短信征文、小说短片制作比赛和嘻哈比赛等。其中，图书阅读讨论会是最为重要和举办最为频繁的核心活动。

在活动主题的选择上，"读吧！新加坡"从最初以"促进国民对文学作品的阅读，提升本国文学创作能力"为目的，发展到今天，已经包括：①营造书香社会；②在民众之中创造交谈和讨论的议题；③促使民众主动阅读，希望这种阅读行为能具有"传染性"和力量，能让居民阅读和讨论同样的书；④通过戏剧表演和图书讨论等一系列生动有趣的活动提高新加坡人批评性思考的能力、创造力、表达力和想象力。

"读吧！新加坡"活动采取多种推广途径以使得活动为广大民众所熟知和接受，例如，设计活动的LOGO以及运用多种传播媒介将这个标志和活动信息传递给民众；充分利用巴士车站、轻轨列车(MRT)站台等户外媒体张贴读书活动的广告，并且会把所选书目中精彩的段落摘抄到广告中，吸引候车的人们短暂阅读，继而引发他们的阅读兴趣和对活动的关注。巴士、出租车身也喷绘上"读吧！新加坡"的广告，吸引路人和乘客的眼球。此外，新加坡最大的华文报纸《联合早报》，发行量最大的英文报纸《海峡时报》(*The Straits Times*)，还有英文报《今日报》(*Today*)和《星期日泰晤士报》(*The Sunday Times*)等都给予活动开辟专版报道和广告。给予此项活动帮助的有政府部门和民间团体，还有包括各种传媒企业以及一些其他类型的企业，例如口福餐饮连锁有限公司、威城(WESTMALL)购物中心，甚至还包括新加坡植物园。

近年来，苹果手机、Facebook、歌星、电影明星、著名主持人、Cosplay……这些科技与时尚的符号构成了"读吧！新加坡"最具活力与青春魅力的阅读推广组合。"读吧！新加坡"善于打破陈规，与时俱进，通过借助明星效应以及最时尚和前卫的信息传递方式往往更能够吸引人们，特别是青少年群体走近阅读，参与阅读。

2005年新加坡创办全民阅读活动"读吧！新加坡"时，利用发展本国已有的各种读书会，汲取他国促进阅读的活动经验，活动内容不断丰富变革，参与读者也在不断增加，2005年有1.39万人，2006年1.6万人，2007年达到2.4万人参与阅读活动。

【分析点评】

"读吧！新加坡"活动重视公共图书馆在推广阅读风气、推进阅读社会建设方面的使命与职责，并进行持续实践与创新。一是重视社区，完善的社区图书馆体系是推广活动能够深入人心的重要支撑；二是重视和关注客户的需求，购物中心、公交站台这些民众最易聚集的地点成为其宣传推广重点；三是重视使知识成为动态的价值，保持展览、讲座、研讨会、作家见面会等活动的趣味性，同时善于借助媒介的力量，勇于让最时尚、最具影响力的形式和力量成为鼓励民众投入阅读的推动力。

阅读推广的核心理念是借助受众最乐于接受或参与的形式来

传达阅读的价值。"读吧，新加坡"不是闭门造车，而是以极其敏锐的嗅觉捕捉社会、媒体、阅读、出版及新技术领域的变革，融会贯通，将阅读的价值通过多元、时尚、有趣的形象联结在一起，从而使阅读与时代完全同步，这种做法值得借鉴。

【资料来源】

1. 林诗慧. "读吧！新加坡"借 iPhone 鼓励阅读. 联合早报，2011-06-24.

2. 李红巧. 第六届"读吧！新加坡"边玩电玩边阅读. 图书馆界，2010(6).

3. 为从小培养阅读兴趣 明年起儿童也能参加"读吧！新加坡". 联合早报，2011-11-11.

4. 陈红涛. 阅读改变人生——"读吧！新加坡"活动及其启示. 江西图书馆学刊，2005(4).

第五章 数字服务

随着数字化、网络化和信息化在全球迅速兴起，世界各国图书馆相继进入数字化时代。本章分别从数字化集成服务、资源远程访问服务、基于内容的数字化服务、移动阅读器服务、lib2.0交流互动服务等不同角度，介绍了9个数字服务案例，以期能够概略介绍当前公共图书馆开展数字服务方式的方方面面。

一、开启数字生活新时代——三网融合的杭州图书馆"文澜在线"

这是一个晴朗的冬日，空气中充满了轻松欢乐的味道。年过六旬的老人哼着小曲从西湖公园晨练回家，一进家门，他就拿起了电视遥控器，打开电视图书馆，在线阅读他最爱看的《中老年保健》杂志。"年轻人可能习惯用电脑、手机来访问杭州图书馆，不过我们老人还是喜欢电视图书馆，屏幕大，看杂志也不累。"老人对杭州图书馆"文澜在线"津津乐道。

"文澜在线"是杭州图书馆将网站平台、数字电视平台与智能移动终端平台整合而成的一个多平台综合性数字图书馆。这是一座没有围墙的、新颖的、能为读者提供更便捷服务的虚拟图书馆，市民可以足不出户，随时随地利用网络、数字电视、手机等途径享受图书馆的服务。

2002年，杭州图书馆以社会募捐的13万元作为启动资金，开始"文澜在线"的建设之路。当时囿于经费、技术力量等因素的限制，"文澜在线"只能初步实现传统图书馆的网上服务。在经过几年的研究与探索后，杭州图书馆联合华数集团与其他社会机构等多方力量，初步建成了三网融合、三平台运行的数字图书馆框架。2010 年 12 月 29 日，杭州数字图书馆"文澜在线"全新绽放，杭州市民不用再亲自跑到图书馆，只要轻击鼠标或遥控器就可以在家中进行书目查询、图书预约续借、电子图书阅读、音视频欣赏，还可以通过手机随时随地登录图书馆，享受各种阅读服务。

目前，网站平台提供数字资源 48.42T，其中外购库 26 个，特色资源库 17 个，出版刊物 10 种；馆藏音视频资源 200 多个；华数宽频提供最新的影视资源，电视剧 600 多部、电影 960 多部、高清 91 部、综艺 8 000 多部、视频短片 17 000 多部等。电视图书馆现提供 69 个主题系列的视频资源，每个系列 20 集。手机平台提供 3000 种最新在线杂志。

打开杭州图书馆"文澜在线"网站（http：//www.hzlib.net），可以看到：活动信息、资源检索、参考咨询、心随阅动、视听专区、在线图展、培训教育等 9 个栏目。想知道图书馆最近有什么活动或讲座信息？点击"活动预告"版块，这里有文澜大讲堂、小读者艺术团、音乐沙龙等丰富多彩的资讯信息。想知道借阅排行榜，想与大家一起分享阅读的心得？打开"心随阅动"版块，这里有读者志同道合的"阅动"书友。想听听音乐，看看电影？那就来视听专区吧。如果读者在利用"文澜在线"过程中有任何疑问，均可通过表单或实时在线方式咨询图书馆员。为了提供更全面与专业的参考咨询服务，杭州数字图书馆与上海图书馆网上知识导航系统建立了合作，双方互享专家资源，读者通过网站提交的咨询都可以在最短时间给予权威的解答。

装有数字电视的家庭，从华数数字电视首页，点击全媒体—文澜在线，即可通过电视享受到杭州数字图书馆的服务。与国家图书馆的国图数字频道（NLC TV）不同，它并未单独作为一个频道开通，而是作为"全媒体"的一个栏目为读者提供数字资讯服务。

为了更好地将杭州图书馆嵌入市民生活，结合电视媒体的相关特点，"文澜在线"电视图书馆开设了图书检索、个人空间、心随阅动、数字杂志、视听专区、活动预告等项目，提供馆藏书目查询、预约续借等个人图书馆服务，并定期更新借阅排行、新书推荐、及时发布图书馆信息、活动预告等。对于不会上网的中老年人群而言，电视图书馆为他们的日常生活增添了一道丰盛的文化大餐。

为了实现数字图书馆的"无所不在、触手可及"，杭州图书馆根据手机等移动终端的特点，开发了"文澜在线"移动图书馆。随着 Iphone4 等智能手机的普及，越来越多的年轻人热衷于手机上网。"文澜在线"手机平台正是利用手机的及时互动性和便携性特点，将图书馆的资源与服务带到读者身边。通过 3G 手机上网或具有 GPRS 上网功能的任何一部手机，读者就可以随时随地访问移动图书馆。这里除提供个人图书馆服务外，还有近 3 000 种大众期刊可以在线阅读。信息时代，手机 WAP 的各种服务，越来越受到更多人的青睐。

网站、电视和手机三个不同版本的数字图书馆针对的是不同类型的受众，在家的中老年读者和不习惯使用电脑的人群可以通过电视版"文澜在线"，在电视上看杂志；上班族和年轻读者可以通过网站或智能移动终端平台，随时随地享受数字阅读生活。"文澜在线"这种全时空的数字服务模式颠覆了传统图书馆到馆阅读与定时开放的固化思维，实现了服务的免费、无限制和无障碍，让数字图书馆嵌入市民生活，真正成为杭州市民触手可及的"第三空间"。

【分析点评】

在公共服务均等化进程中，需要保障各种群体享受到公平的公共文化服务。服务泛在化日渐成为未来公共文化服务的核心理念，其内涵包括及时获取服务、按需获取服务、任何人都能获取服务三个方面。当前，图书馆界正致力于应用各种数字服务手段实现服务泛在化的实践，杭州图书馆充分整合各种资源与技术，在图书馆界率先以宽带城域网、数字电视网、移动多媒体网三网融合的多终端综合服务平台，将服务直接送到读者家庭，送至读者身边。

与以往图书馆用户服务大多基于互联网服务模式不同，"文澜在线"通过多媒体传播渠道突破时空限制，以手机、数字电视、子阅读器新兴智能移动终端等为信息传播工具，满足用户随时、随身使用数字图书馆的需求，实现了"图书馆服务嵌入市民生活"，扩大了数字图书馆服务的人群覆盖面，彰显了信息公平和均等化服务。可以说，"文澜在线"率先在全国实现了以"三网融合"为基础的数字图书馆建设框架，初步形成了一个全媒体时代数字图书馆的样本。

【资料来源】

1. 杭州图书馆. 文澜在线 数字图书馆触手可及. http://www. hzlib. net/Index. aspx.

2. 叶辉. 杭州图书馆的数字革命. 光明日报，2011-02-11.

二、给知识插上飞翔的翅膀——上海图书馆"e卡通"远程服务

北京首都国际机场，人潮涌动，熙熙攘攘。离 HU7606 航班起飞还有将近 1 个小时的时间，李教授在候机厅找了一个相对安静的角落坐了下来，打开笔记本电脑，登录上海图书馆网站"e卡通"电子资源远程访问页面，开始在线阅读《培根随笔集》。

在上海图书馆开通"e卡通"服务以前，远程访问上海图书馆的电子资源只是一个梦想。电子资源供应商从经济利益与版权保护角度出发，常常将图书馆IP地址范围作为许可使用的范围。对于国内公共图书馆而言，局域网范围仅限于一幢楼或者几幢楼，读者只能在图书馆开放的时间内来图书馆馆舍才能使用图书馆的电子资源。这种局域网服务模式难以发挥电子资源的优势和潜质，使得公共图书馆电子资源利用出现受众面小、便捷性差的局面。为了让越来越多习惯网络阅读与数字阅读的读者利用图书馆，让没时间来图书馆的读者也能随时随地享受图书馆的电子资源，2007年9月25日上海图书馆试运行"e卡通"电子资源远程服务。电子图书、电子期刊、电子报纸、参考工具、特色馆藏……只要你有上图的有效读者证，在任何时候、任何地点，通过"e卡通"平台，都可以远程访问到获得授权的电子资源，享受和体验上海图书馆资源服务的便利与快捷。

作为国内率先推出集网络接入、身份认证、资源访问、远程使用管理为一体的电子资源远程服务的图书馆，上海图书馆采用的总体思路与经验为国内公共图书馆电子资源远程服务的实现和普及提供了借鉴和示范。

上海图书馆首先从资源入手，视资源为服务的根本，与电子资源供应商进行漫长而不懈的沟通与交涉，在遵守知识产权的总原则下，共同探讨电子资源远程服务与管理的方法，平衡电子资源供应商、图书馆和读者三方利益。在"e卡通"运行之时，可提供读者远程访问的中外文电子期刊达5 000多种、中外文电子图书11万多册、全文内容达百万篇。

在服务方案设计上，上海图书馆以简便为原则，保证有效持证读者远程访问时不需要申请注册、不需要开通，只要输入读者证号和身份证号码即可登录。在管理过程中，上海图书馆可以根据电子资源使用情况，与电子资源供应商协商各类持证读者与电子资源之间的使用许可关系，并可利用日志文件定位恶意下载等不良使用行为的读者，保护电子资源的版权。

在技术方案选择上，考虑代理服务器技术存在安全性和扩展性不够强的问题，上海图书馆将远程访问技术锁定为 VPN，并最终选择了 SSL VPN 这种实现方式。SSL VPN 是基于 SSL（安全套接层协议）的虚拟专用网技术，因 SSL 协议内嵌在浏览器中，读者在使用时无需安装单独的客户端软件。采用 SSL VPN 可以在远程介入与访问资源之间建立安全通道，实现不同类型持证读者和许可访问电子资源之间的灵活关联。同时，为满足与适应这种大规模动态变化的读者管理与认证，上图采用了 LDAP 专业用户认证系统，在现有读者 IC 卡管理系统上建立 LDAP 目录服务，为远程服务提供用户身份认证，最终达到资源、技术、服务、管理的有效整合。

为提高"e 卡通"服务的易用性和友好性，上海图书馆对"e 卡通"远程访问页面进行了精心设计。打开首页，首先映入眼帘的是服务简介和醒目的服务流程，在页面右侧有服务公告和突出的"用户登录"按钮，整个页面设计简约，体现了以人为本、以用为主的风格特征。

自开通以来，"e 卡通"服务得到了读者的广泛好评，使用读者逐月提升。通过后台监控信息显示，"e 卡通"服务使用高峰除正常工作时间外，晚上 8 点至凌晨 2 点也是一个使用高峰，在上海图书馆闭馆之后，上海图书馆的服务仍在延续。千万不要以为"e 卡通"服务只是家中有电脑一族的特权，为保障家中没有电脑读者的使用，上海图书馆在区县分馆设立了"e 卡通"区县分馆专用点，让家中无电脑读者到就近的区县分馆使用。"e 卡通"服务有效发挥了电子资源不受时空限制的特性，增强了电子资源辐射力，提升了图书馆数字化服务能力与水平。因服务理念、机制与技术的创新，上海图书馆"e卡通"项目荣获了第三届文化部创新奖。

【分析点评】

图书馆传统的到馆服务方式已经无法满足读者对电子资源日益增长的需求，开展电子资源远程访问服务是公共图书馆构建数字化服务体系、延伸图书馆服务职能的重要途径之一。上海图书馆"e卡通"电子资源远程服务系统率先在国内采用SSL VPN解决方案，实现了网络接入、身份认证、授权资源访问、远程服务管理等多种系统功能的集成，让读者可以在任何时间、任何地点使用授权的上图电子资源。"e卡通"服务的推出突破了国内公共图书馆电子资源局域网服务瓶颈，让电子资源飞向千家万户，飞向读者的桌面，停留在读者的指尖，体现了全天候无边界的数字图书馆服务新理念。

"e卡通"的最大亮点在于服务形式的创新，读者无需申请、无需注册、无需安装客户端，只要一卡在手，e路畅通。在遵守知识产权的条件下，"e卡通"服务运用技术手段做到了不同功能类型持证读者和不同授权电子资源的无缝关联，既满足了图书馆和读者的需求，又保证了电子资源供应商的利益，在三方共赢基础上形成了可持续发展的服务新机制。

【资料来源】

1. 中华人民共和国文化部文化科技司. 第三届文化部创新奖获奖项目：e卡通——上图电子资源远程服务. [2010-05-03]. http://www.ccnt.gov.cn/sjzz/whkjs/ztlm/whbcxj/201005/t20100503_78871.html.

2. 赵彦龙. 国内公共图书馆数字资源远程访问服务调查分析. 数字图书馆论坛，2008(10)：46—50.

3. 金家琴. 基于 SSL VPN 技术实现公共图书馆电子资源远程访问. 图书馆杂志，2009(3)：64—68.

4. 上海图书馆. e 卡通——上海图书馆电子资源远程服务. http://eservice. digilib. sh. cn:8080/arrayLogin/index. jsp.

三、把图书馆带回家——天津图书馆"家庭虚拟图书馆"

随着时间的累积，家里电脑内的资料正变得越来越臃肿与凌乱，旅游拍摄的数码照片、记录宝贝成长的影音录像、日常生活的随笔、工作的感想……每每从这些纷繁的家庭数字库中搜到自己需要的资料，许小姐都得颇费周折，而如今"家庭虚拟图书馆"的出现让这一切变得如此简单而有条不紊。通过"家庭虚拟图书馆"，她不仅可以轻松地获取相关中外文献资料，还可以对家庭本地信息资源进行管理，方便地将家庭自有文档、图书、照片、音视频资料归档整理，创建家庭数字化资料库。

"家庭虚拟图书馆"项目由天津图书馆和文化部全国文化信息资源建设管理中心共同研发，于 2008 年 12 月 26 日在互联网上开通。数字化信息环境下，读者对图书馆的服务提出了更高的要求，图书馆必须引入更贴近读者个性化需要的服务功能，才能真正发挥图书馆作为知识型社会信息资源中心的优势。"家庭虚拟图书馆"着眼于数字化城市建设，从满足读者多重需求出发，集家庭本地资料管理、专题信息定制与图书馆网上服务于一体，其角色既是家庭各类信息资源的管理者，又是家庭所需要的各种信息服务提供者。

家庭虚拟图书馆是什么模样呢？我们不妨进入家庭虚拟图书馆页面(http://www. jtxntsg. cn/)，下载一个安装家庭虚拟图书馆客户端系统，亲身体验一下。家庭虚拟图书馆客户端系统是家庭虚拟图书馆系统的家庭本地软件，是读者进行本地资源管理和利用各种图书馆信息服务的窗口。

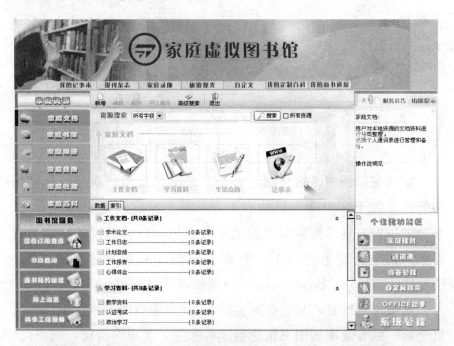

　　家庭虚拟图书馆客户端界面的左上方是家庭资源管理区，主要为读者提供本地自主资源的归档整理与检索服务，包括家庭文档、家庭书架、家庭相册、家庭音像及家庭收藏等，实现家庭资源的全面统一管理，方便读者分类保存与检索利用家庭资源。

　　家庭资源虚拟图书馆客户端界面的左下方是图书馆服务区，在这里读者可以利用图书馆的各项信息服务。家庭虚拟图书馆后台管理系统将图书馆网站、图书馆资源库与家庭客户端系统进行了有机连接，读者通过客户端可以查询馆藏书目、预约续借图书、阅览数字资源、在线欣赏共享工程视频。除提供图书馆资源服务之外，家庭虚拟图书馆会实时发布图书馆的新书通报、讲座活动等动态信息供读者定制，同时根据读者提交的订单，对网络信息资源进行有针对性地挖掘和整理，将读者关心的个性化信息资料制作成百科专题，包括科普知识、天文地理、养生保健、娱乐休闲、投资理财、美食厨艺等，及时为家庭用户进行主动的信息推送服务。

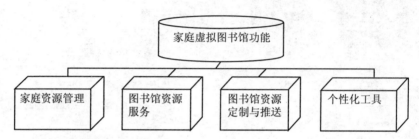

家庭虚拟图书馆客户端还有一个最受家庭用户欢迎的个性化功能区，位于客户端界面的右下方，提供家庭理财、博客管理、办公助手、自定义搜索以及通讯录等栏目，以满足读者的个性化需求。在办公助手栏目下，汇集了常用的应用软件如 Word、Excel、Outlook、Powerpoint，方便读者随时调用。

从城市到区县，从社区到家庭，"家庭虚拟图书馆"把更快捷、更全面、更有效率的图书馆建到读者家庭，实现网络化、电子化、数字化、全天候的信息服务。一方面解决了家庭各类信息资料的规范化归档管理问题；另一方面还带来了丰富多样的图书馆信息资源浏览工具，变图书馆被动服务为主动服务，将读者定制的个性化信息主动推送到家庭电脑，充分体现了"把图书馆带回家"的建设理念。

"家庭虚拟图书馆"开通至今，已经拥有了众多的网络用户。这种由点到面的辐射形式，也让"家庭虚拟图书馆"成为了公众参与网上社会文化活动的极好平台，比如天津市首届"百姓视窗"DV大赛、天津都市风采网络摄影大赛等均通过"家庭虚拟图书馆"平台开展，由于平台操作简单、受众面广、便于市民参与等优势，网上文化活动收到了良好的效果，备受各界新闻媒体与参与者的关注。从大众参与的角度看，"家庭虚拟图书馆"开创了文化活动互动新模式，从更大的范围实现信息资源的交流与共享。

【分析点评】

家庭是社会生活的细胞，越来越多的图书馆都重视为家庭提供服务，并将此列为图书馆延伸服务的重要内容。在美国，很多公共图书馆为社区居民提供各种网上服务，比如建立社区服务网页，为家庭提供各种社区信息服务和图书馆资源服务。美国加州亚帕勒顿公共图书馆专门开了"家庭因特网"的网页，向家庭介绍各种馆外有关信息资源，如儿童书籍、录像带以及儿童节目等，并对网络上不良内容或少儿不宜的信息资源进行过滤，提供有利于少年儿童成长的健康信息，深受当地家庭的欢迎。

天津图书馆"家庭虚拟图书馆"服务正是新时期图书馆与时俱进的有益尝试。它首创了图书馆延伸到家庭的信息管理、应用和服务模式，让市民不出家门即可轻松浏览图书馆数字资源、定制专题信息、管理本地资料库。"家庭虚拟图书馆"不仅满足了家庭用户的个性化信息需求，更为重要的是，它打开了家庭信息资源与社会信息资源进行交流的窗口，将家庭信息孤岛与图书馆资源中心联结起来，为众多家庭信息收集、管理、利用和交流提供了一个便捷的数字化平台，让他们通过建设自己的图书馆而成为数字知识网络的一部分，与信息世界日渐连为整体。

【资料来源】

1. 孙淑娟. 公共文化服务体系建设的一项创新探索——谈家庭虚拟图书馆的社会价值. 图书馆工作与研究，2009(11)：29—31.

2. 李茁. 家庭虚拟图书馆：构建公共文化服务体系的新模式. 图书与情报，2009(6)：134—136.

3. 天津图书馆. 家庭虚拟图书馆. http://www.jtxntsg.cn/.

四、数字阅读的新潮流——首都图书馆电子阅读器借阅服务

在首都图书馆阅览室，一名青年男子正聚精会神地在比手机大一点的显示器下方不停地按动着指示键，津津有味地读着书，这正是他刚刚从图书馆成功外借的电子阅读器。

数字阅读、移动阅读及各类电子书日益进入寻常百姓的视野。为适应这一新的阅读趋势，2010 年 12 月 6 日，首都图书馆推出电子阅读器外借服务。所谓电子阅读器是一种采用 LCD、电子纸为显示屏幕的新式数字阅读器，产生于 20 世纪 90 年代，但直到 2007 年亚马逊手持阅读器 Kindle 的推出，电子阅读器才逐步被用户作为纸本文献的电子设备替代品所接受。2008 年亚马逊推出的 Kindle 2 掀起了全球电子书阅读热潮，有实力的图书馆开始着手提供电子阅读器借阅服务，让电子阅读器进入图书馆的流通环节，服务广大读者。

首都图书馆在建立数字资源平台后正式推出了电子阅读器外借服务，以引导读者对馆藏数字资源的利用。因读者人数太多，首都图书馆对电子阅读器外借服务进行了限制，仅对持北京市公共图书馆"一卡通"E 级卡的读者开放。E 级卡是北京市公共图书馆的最高级别卡，需要押金 500 元。即便如此，首都图书馆的 40 台电子阅读器仍供不应求。在外借服务推出后，有读者专门办理了 E 级卡，还有更多读者将原先较低级别的卡升级到 E 级，以获得外借电子阅读器的资格。"请问还有电子阅读器可以借阅吗？""什么时候可以借阅电子阅读器？"这样的询问几乎每天都会发生，读者对电子阅读器的兴趣可见一斑。

从首都图书馆电子阅读室借阅读器，读者不仅仅是外借了阅读器这一工具，最重要的是外借了图书馆丰富的馆藏数字资源。通过与数字内容厂商合作，首都图书馆的 5 万册电子图书及 4 个报纸杂志类数据库均可提供电子阅读器下载与阅读。在首都图书馆电子阅览室，读者可以直接登录数字资源平台，浏览、下载、保存所需的电子图书及其他数字资源。当然，读者也可以在首图办证处申请数字资源平台的用户名和密码，然后在任何能上网的地方登录数字资源平台，下载适合于电子阅读器的资源。目前，首都图书馆的电子阅读器外借期为 28 天，可续借 14 天。一台阅读器可下载、外借电子书 10 本，每本书的借期为 7 天，到期可重新外借；可外借的电子期刊及其他电子文献的种类和数量，根据电子阅读器的容量而定，不设上下限。

与现在常见的各种电子书城、手机阅读相比，"资源免费"也是首都图书馆的最大诱惑。读者使用手机阅读小说，或是购买电子阅读器在电子商城下载图书，都需要付费下载；而外借图书馆的电子阅读器，则可以免费下载图书馆海量的数字资源，实现随身移动阅读。

除电子阅读器外借服务，首都图书馆还推出了 U 阅迷你书房的借阅服务。U 阅迷你书房是一款小巧便捷的移动阅读设备，形似一个小 U 盘，把它插在电脑上就可以自动登录首都图书馆的数字资源平台下载资源，其外借数字资源的下载路径、内容及借阅规则等，与电子阅读器相同，只是容量更大，有 2G 内存。无论是电子阅读器还是 U 阅迷你书房，这类电子设备均因携带方便、绿色环保而备受读者追捧。

随着数字资源的发展与读者阅读习惯的改变，图书馆利用电子阅读器开展新服务已是大势所趋。可以说，电子阅读器外借服务确有较大的需求。首都图书馆在提供相关服务时，重点做好几个方面的工作：一是管理问题。电子阅读设备是电子产品，它不同于传统纸本文献，并且成本较高，这就涉及电子阅读器的保管、安全、押金、损坏赔偿、借阅期限、借阅对象等诸多问题。为避免电子阅读器长时间重复外借、连续续借，首都图书馆对读者条件、流通模式与可借周期进行了综合考虑，同时制定了《首都图书馆电子图书阅读设备管理办法》。二是资源版权问题。首都图书馆提供的电子图书只在借阅期或续借期有效，在阅读过程中，电子阅读器不提供任何拷贝性服务。三是资源内容问题。当电子阅读设备大量普及时，图书馆更应关注的是电子资源的内容，在采购中不仅要考虑资源的科学搭配、与纸本文献的互补性还要考虑格式是否兼容。首都图书馆推出的电子阅读设备外借服务，并没有直接与电子阅读器厂商合作，而是以"内容为王"，与数字内容厂商合作，打造了集电子图书、期刊、报纸于一体的数字资源平台。

【分析点评】

莎士比亚曾经说过，生活中没有书籍，就好像植物没有了阳光；生活中没有书籍，就好像鸟儿没了翅膀。如果生活中有一座图书馆属于自己，而且这座图书馆能跟随着自己，走到哪就移到哪，把整座图书馆兜着走，那该有多惬意！首都图书馆推出的电子阅读器外借与 U 阅迷你书房服务，让移动图书馆、口袋图书馆从梦想变成了现实。

【资料来源】

1. 鲁大智. 电子书阅读器在首都图书馆能外借. 中华读书报，2010-12-08.

2. 朱玲. 首都图书馆新推电子书阅读器外借服务. 北京青年报，2010-12-09.

3. 首都图书馆. 首都图书馆电子图书阅读设备管理办法. http:// www. clcn. net. cn/shoutukx/201012/P020101207371138438640. doc.

4. 任晓宁. 首都图书馆推出电子阅读器外借服务. http:// www. chinaxwcb. com/2010-12/30/content_214512. htm.

五、每天学习一小时——东莞图书馆"学习中心平台"

"每个人都不会满足于在东莞一个工厂里做一辈子组装工，我希望在学习中心选修一门课程，发掘自己的潜能。"在东莞图书馆电子阅览室，每天晚上都能见到这个年轻的、熟悉的身影，这是一位来自河南的务工者，来东莞打工已经两年。自从电视上知晓东莞图书馆"学习中心平台"后，他的生活就简单地变成了工厂、图书馆、宿舍三点一线。

东莞图书馆"学习中心平台"由实体、虚拟两部分组成。实体的学习平台设在东莞图书馆内，包括管理中心、录播中心、学习教室、公共电子阅览室等物理设施与场所。读者来到图书馆，只需一张身份证就可以免费在电子阅览室上网或去学习教室听课。虚拟网络学习平台是东莞图书馆对原有市民学习网整合升级而成。在学习中心页面，不但有少儿成长启蒙、动漫学习欣赏、城市生活学习、劳务工等分门别类的专题，还包括课程、视频、图书、考试等内容。市民可以在任何时间、地点，通过电脑、手机或登录学习中心注册，进行一站式资源检索、个人自主学习、参加兴趣小组等活动。

一直以来，图书馆被誉为"没有围墙的大学"，随着网络的冲击和现代人生活习惯的改变，图书馆慢慢变得边缘化了。从城市自身的角度来思考，东莞的人口较为复杂，820万人口中，外来人口占了76%，大学程度以上教育者仅有7.1%。如何满足这些不同素质人群的阅读需求，将东莞打造成学习型城市？如何更好地为读者提供服务？从这两个思考点出发，2005年，东莞图书馆开始研发和实施大众在线学习项目，尝试让市民在上网的同时，通过图书馆平台接受学习和教育。同年10月，东莞图书馆推出了"东莞市民学习网"，以传统图书馆为依托，采用现代化的网络服务手段，利用现代远程教育技术，向全体市民提供免费的多媒体远程网络教学服务。2010年，东莞图书馆联合超星公司，在市民学习网的基础上，对多项资源进行充分整合和关联，着手打造集多媒体资源、学习、辅导、考试、测评、交流等功能于一体的一站式在线互动学习平台。经过一年多的筹备，2011年6月14日，东莞学习中心平台全新绽放。东莞图书馆"学习中心平台"的服务特色和新颖之处主要体现在以下几方面。

1. 倡导"每天学习一小时"

为宣扬与落实东莞在深入开展全民阅读活动、大力推进学习型城市建设过程中向全体市民发出的阅读倡议"每天阅读一小时"，东莞学习中心平台专门开发了"每天学习一小时"计时功能，对市民的学习过程进行计时，提醒学习的时间，并保存课程的学习进度。"每天学习一小时"是一句口号，更是检验市民日常学习行为的一个标尺。

2. 网上书友会

为满足现代人网络社交需要，东莞学习中心平台引入社区、交互学习功能。注册成为会员后可以方便地记录自己的点点滴滴，轻松分享日志、照片、话题、群组等各类信息，并与网上的"同学"、"教授"在线交流。

3. 在家听名师讲座

学习中心平台通过与超星学术视频资源库整合,"让每个人都能获取一流的知识,不再受地域和时间的影响"。在学习中心平台,市民可以一览来自 203 位院士、3 288 位名师的视频讲座或课程,其中包括杨振宁、Thomas Bender、王岳川等海内外名家的讲座。

4. 线上线下混合式学习

学习中心平台的重要特色是将在线教学与实体的学习活动结合在一起,目前东莞图书馆不仅开展英语角、共享工程周末电影放映以及读书节等活动,还在全市开展"我为市民讲一课"公益讲座。

目前,学习中心平台拥有电子图书 150 万种,电子期刊 1 万种,学术论文 2 800 万篇,视频 1 万多部。主要栏目包括课程、视频、图书、考试、文档和社区,其中视频栏目针对广大东莞建设者开设了"外来务工"子栏目,内容有电子电路、按摩保健、车床车工、服装制作等专门为外来务工人员提升技艺的视频。学习中心平台自启动以来,收到了市民的热烈追捧,仅一个月的时间,申请数字账号进行登录的读者就达数千人。

【分析点评】

在终身学习、终身教育的学习型社会中,图书馆的教育职能和终身教育有着先天的契合之处,图书馆是实现终身教育最理想的场所。1965 年在联合国教科文组织举办的发展成人教育国际研讨会上,联合国教科文组织继续教育部兰格拉德部长发表了以"终身教育"为题的报告,指出教育不应局限于儿童期和青年期,人只要活着就应该不断地学习。放眼国际,各国公共图书馆都把广泛普及和推广终身教育作为中心任务，开设学习中心；发展网上教学课程和讲座，如伦敦地区公共图书馆在伦敦大都市地区网开设虚拟课程和教育讲座，让市民可以随时通过网络听课，选修各种课程。图书馆在创建"学习型社会"中承担越来越重要的角色，也日益成为公众进行再教育及终身教育的理想场所。

"拆掉书架，建立更多的学习中心"，被认为是未来图书馆的发展趋势之一。东莞图书馆打造的"东莞学习中心平台"，即以数字图书馆为基础，利用现代化网络服务手段和远程教育技术，向市民提供的一个免费、开放和终身的教育平台。通过对"市民学习网"资源进行升级与整合，将原先无序的内容变得有序，原先没有关联的内容变得有关联，让图书馆真正走到市民中间，成为市民终身教育的支撑者。

【资料来源】

1. 东莞图书馆. 东莞学习中心. http://lc. dglib. cn.

2. 程永强. 东莞学习中心平台引书香弥漫，受到市民热捧. [2011-07-08]. http://dg. people. com. cn/GB/15105199. html.

3. 吴少敏. 东莞学习中心网络平台启用. [2011-06-15]. http://www. people. com. cn/GB/209043/212786/14901979. html.

4. 张颖妍. 150 万种图书 2000 门网络课程免费任你学. [2011-06-15]. http://news. cntv. cn/20110615/101647. shtml.

5. 罗晓涛. 浅析公共图书馆在线教学平台——以东莞市民学习网为例. 图书馆论坛，2010(4)：115－117.

六、信息飞进山坳——四川省泸州市纳溪区图书馆的数字文化服务

自从办理了纳溪区图书馆的电子读者卡，天仙镇牟观村村民

尹贵容再也不用坐在村头等着图书馆工作人员送书下乡了。在年初纳溪区图书馆下村培训中,尹贵容不到 20 分钟就轻松掌握了网上浏览技巧,网站上纳溪区自制的具有"纳溪特色"的种养视频也成了她常看的类别。让她备感亲切的是,纳溪四项省级非物质文化遗产、"时代先锋"上自己身边的先进典型、"摄影天地"上那些熟悉的纳溪乡村画面,在图书馆网站上触手可及。

泸州市纳溪区图书馆地处经济欠发达的中国西部,条件简陋。一是馆舍陈旧,面积狭小,馆舍建于 1989 年,建筑面积仅1 240平方米;二是藏书总量少,购书经费拮据,全区人均购书经费为0.06 元;三是人员紧缺,全馆职工共 6 名。一个不起眼的县区级图书馆如何在经费匮乏、人手短缺的情况下,突破发展的瓶颈,为广大群众提供优质便捷的图书馆服务?从"坐等读者"到"主动出击",从提供书刊到推广数字阅读,纳溪区图书馆创造性地开辟了"网上办馆、借力办馆、流动办馆"的新途径,提升数字文化惠民空间,逐步实现公共文化资源的网络共享。

1. 网上办馆

2010 年 8 月,纳溪区图书馆集中全馆技术力量,全力攻关,解决了架设服务器、模块设计、数据库建设难题,于 2010 年 12 月建成互联网上具备一级域名的纳溪区图书馆网站(http://www.nxqlib.com/)。网站本着"边建设、边服务"的原则,不断增加数字资源的种类和数量,目前可以提供的数字资源包括8 000余册电子图书、2 900 多种报纸杂志及 3 600 多条视频资源,内容涵盖了人文社会科学、生活实用技术各方面,很大程度上弥补了馆藏资源不足的缺憾。为了让世界了解纳溪文化,纳溪区图书馆网站还特别开设了纳溪文物、纳溪省级非遗项目、纳溪旅游、时代先锋——身边的典型等栏目。所有纳溪区图书馆的注册用户,无论是否在纳溪区,都可以通过互联网平台,24 小时点击纳溪区图书馆网站进行阅读。用户在利用图书馆过程中如果有疑问，可以通过 QQ 在线咨询图书馆工作人员。因操作简单、内容丰富，纳溪区图书馆网站开放三个月的点击量已达 3 万人次，超过往年全年进馆的总人次。

2. 借力办馆

在经费极为有限的情况下，纳溪区图书馆单纯依靠馆藏 5 万册图书与自建资源很难满足用户的需求。为此，纳溪区图书馆充分利用外部力量，联合办馆。一是利用和整合了全国文化信息资源共享工程的设备、光盘和视频。作为全国文化信息资源共享工程首批试点县的纳溪区，在 2008 年就借助共享工程设备开办了馆内局域网，并利用共享工程的光盘和视频资源为用户服务。二是与其他图书馆合作，共享资源。如参与中国图书馆参考咨询服务联盟，利用联盟馆人力资源与文献资源做好参考咨询工作；与泸州市图书馆共享数字资源，在泸州市馆的支持下提供龙源期刊网、中华连环画数字图书馆的服务。三是跨行业合作，与纳溪区远程办互补优势建立远程教育信息共享中心，借助这个平台，纳溪区文化信息资源共享工程顺利辐射到村一级。

3. 流动办馆

本着"服务惠民"的出发点，纳溪区图书馆通过流动办馆方式，免费把"知识"送到千家万户。从 2011 年 1 月开始，纳溪区图书馆在全区机关、镇村、社区和部队中首批建设了 20 个流动图书室服务点，根据服务对象实际需求每月定期"菜单式"配送图书及期刊。为使基层群众由传统阅读向电子阅读逐步接轨，流动图书室送书下乡时，图书馆直接给村民办理电子读者卡，宣传图书馆网站，教会他们网上阅读，指引他们观看共享工程提供的优秀视频资源，包括种植养殖、进城务工、医疗保健等内容，深受村民欢迎。

【分析点评】

西方有句谚语："伟大的事并不是伟人把它做伟大的，而是平凡的人把它努力做到最好，让它成就了那份伟大。"5 万册图书、6 名职工，一个不起眼的西部区级图书馆，在自身条件极为有限的情况下，不妥协、不放弃，积极探索文化惠民服务的新途径，为群众提供了全新的图书馆利用方式。

作为全国文化信息资源共享工程首批试点县（区），纳溪区图书馆在充分利用全国文化信息资源共享工程设备与资源的基础上，积极调动员工主观能动性，以网站建设为突破口，结合电子阅读卡和流动办馆，着力打造"无围墙的图书馆"，有效缩小了城乡、地域信息鸿沟，促进了数字文化资源共享。

近年来，随着经济社会的快速发展，基层群众对文化需求越来越迫切，国家对基层文化事业也越来越重视。在目前西部基层图书馆普遍存在经费不足的情况下，纳溪区开门办馆的做法不失为一种有益的尝试，为中西部基层图书馆的发展提供了一种具有操作性和可行性的样式。

【资料来源】

1. 纳溪区图书馆. http://www.nxqlib.com/index.html.

2. 纳溪区政府公众信息网. 泸州市纳溪区打造全域图书馆，拓展"文化惠民"网络. [2011-06-23]. http://220.166.95.76/zfxxgk01/Detailed.aspx?id=20110623171935-573624-00-000.

4. 何啸虎，吴锦江. 文化惠民 小图书馆发挥大作用. 泸州日报，2011-05-14.

七、多媒体资讯的宝库——香港公共图书馆一站式多媒体资讯服务

　　小叶是深圳高等职业技术学院的一名学生，目前正在搜集《社区建设与管理》课题的相关资料，香港的社区建设很值得借鉴，可是从哪儿去查找好呢？试试咨询一下香港的图书馆吧。于是他尝试给香港公共图书馆发了一封电子邮件——"请问图书馆有没有香港沙田社区方面的图文资料？"没想到工作人员很快给了他回复，在提供相关馆藏信息的基础上，推荐他使用多媒体资讯系统。根据工作人员提供的网址，小叶打开了香港公共图书馆多媒体资讯系统页面，以"沙田"作为关键词，进行基本检索，发现可以一站式获取地图、旧报纸、手稿、相片、市政档案等各类型与沙田社区相关的资料，这着实让他非常惊喜。

　　香港公共图书馆多媒体资讯系统拥有 140 多万页已数码化的图像及文件资料，包括香港旧报纸、期刊、海报、地图、相片、剪报、书籍及手稿，7 万多项影音只读记忆光盘馆藏资料以及 70 多个不同主题的线上参考资料库。收录的馆藏类别达 16 种，无论是查找地图、老相片、手稿、影音资料还是搜索报刊、论文，市民再也不用在各个阅览室之间奔波，利用香港公共图书馆的工作站或互联网访问多媒体资讯系统，即可一站式检索与发现资源。

多媒体资讯系统馆藏类别列表

序号	馆藏类别	说　　明
1	录音资料	音乐、歌曲及资讯性节目（互联网上只提供预听数码化录音资料的服务）
2	视像资料	戏剧、资讯性节目及教育性节目（互联网上只提供预览数码化视像资料的服务）
3	场刊	曾于香港举行的文化活动资料

续表

序号	馆藏类别	说　明
4	海报	曾于香港举行的文化活动资料
5	只读记忆光碟资料库	资讯性、参考性和教育性资料（未能于互联网上提供光碟程式安装服务）
6	儿童只读记忆光碟	趣味性及教育性资料（未能于互联网上提供光碟程式安装服务）
7	地图	香港地区及世界各地地图
8	相片	香港旧景物及以往社会生活的记录照片
9	香港旧报纸	香港旧中文及英文报纸/期刊
10	香港艺术及艺术家剪辑	香港报章刊载的艺术活动及艺术家资讯
11	香港文学资料	香港文学活动及文学作家辑录资料
12	书籍	由香港公共图书馆拥有版权或已获版权持有者允许发放的数码化刊物
13	线上参考资源	由香港公共图书馆订阅的学术性及资讯性线上参考资料库
14	前市政局（区域）档案	前市政局（区域）会议及议案记录
15	语言学习	语言学习的影音资料（未能于互联网上提供）
16	手稿	由香港公共图书馆拥有或已获资料拥有者允许发放的中国文献或特藏资料

1999 年，香港公共图书馆从便于公众浏览与利用馆藏资源角度出发，与 IBM 和 ICO 公司合作，应用科技手段开发了"多媒体资讯系统"（Multimedia Information System），创建了单一的界面来支持用户对所有类型馆藏电子资源的查找。为满足读者在不同情况下的需求，多媒体资讯系统提供了三种检索资料的方法。

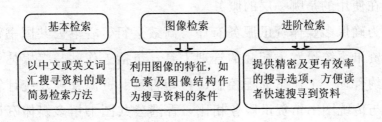

遵照香港版权法规定，多媒体资讯系统只能于互联网上提供部分已获版权持有人授权的数码化资料。对于无法提供互联网服务的音视频资源，读者可通过香港中央图书馆、区图书馆的多媒体资讯系统工作站或于多媒体资讯系统互联网页进行预约，并可于自选的时段，在馆内播放已预约的录音及视频项目。由于电子资源的类型及版权许可存在差异，香港公共图书馆采用三层架构的方式来处理自选影音服务。

第一层次：数字化影音服务。对于获得版权持有者许可的影音资料直接转换格式后上传至服务器，储存在磁盘阵列上，供多名读者同时点播。

第二层次：自动播放机服务。对于未获得版权持有者同意转换格式上传的电子资源如 VCD、CD、DVD 和部分电脑光盘读物等，直接放在光盘库中供读者调用。当读者调用此光盘时，光盘库会自动将此光盘放入光驱中读取数据。由于版权限制，一张光盘在同一时间内只能由一个读者使用。

第三层次：传统影音服务。对于传统模拟格式和较少使用的数字格式影音资料，香港公共图书馆利用切换器把包括四合一影碟机(CD/VCD/DVD/LD)、录像机、黑胶唱盘、录音卡座等传统播放机与工作站连接。当读者在工作站上发出请求时，系统控制台会自动打印出一张工作单，工作人员根据工作单寻找指定的影音资料放入特定的播放机内播放。除了要等候数分钟外，传统影音服务与数字化影音服务没什么区别，而读者也根本不必要知道自己在使用的是哪一层的服务。

为确保多媒体资讯服务有序、高效运行，香港公共图书馆多媒体资讯系统设置了配套的管理工具，包括工作站与多媒体资讯的预约管理、工作站远程控制、打印管理、资源管理及统计管理等。与传统图书馆资讯服务相比，香港公共图书馆多媒体资讯服务的优势体现在以下几点：一是整合了香港公共图书馆的各类馆藏数字资源，节省了读者搜寻资料的时间；二是同一份资料可供多人查阅，提高了资源的利用率；三是突破了时空的限制，只要公众身处有电脑的地方并接通网络，便可随时翻查库存资料。

2002 年，香港公共图书馆多媒体资讯系统荣获由香港电脑学会颁发的"资讯科技应用奖"银奖，并在"亚太资讯及通信科技大奖"颁奖典礼中获"政府电子化服务"奖。因富含代表性的文化及历史资料，多媒体资讯系统被联合国教育科学及文化组织(UNESCO)纳入其门户网站 Archives Portal 中。

【分析点评】

由香港公共图书馆自行开发的多媒体资讯系统，是一个将馆藏资料与多媒体信息技术融合在一起的成功典范，为全港各社区市民及互联网用户提供包罗万象的多媒体资讯。这个全港最大规模的多媒体资讯系统，突破了一般数码图书馆的服务模式，除了提供丰富的数码文件资料之外，还提供全面的数码影音及传统媒体互动播放功能，有效配合了知识型社会对资讯的需求，大大提高了图书馆服务的灵活性与扩展性。

香港公共图书馆多媒体资讯系统改变了以往寻找资讯的模式，为用户提供搜寻及筛选数码化资讯的一站式互动服务。其创意之处在于灵活运用资讯科技，根据电子资源的类型及版权许可采取对应的服务方式，冲破了文献类型和服务时空的限制，让市民无论身在图书馆或家中，均可通过馆内的多媒体工作站或互联网对图书馆馆藏数以百万计的文档、图片和多媒体信息进行检索和查看。略显不足之处，是其整合的资源限于图书馆馆藏数字资源，未与外采资源如线上参考资料库做内容层面的衔接。

【资料来源】

1. 香港公共图书馆. 多媒体资讯系统主页. http://hkclweb. hkpl. gov. hk/.

2. 张晓毅. 香港公共图书馆的多媒体资讯系统. 大学图书馆学报，2004(5)：38—40.

3. 新华网. 香港公共图书馆多媒体资讯系统获国际性大奖. [2002-09-07]. http://news. xinhuanet. com/newscenter/2002-09-07/content_553376. htm.

八、一键阅尽国内报章——新加坡图书馆 NewspaperSG 平台

在一位新加坡老人 70 岁生日当天，收到了一份令她特别感动的生日礼物——1941 年 12 月 30 日她出生那天的《海峡时报》。这是她的孙子通过新加坡图书馆 NewspaperSG(新加坡报纸)平台打印出来的《海峡时报》，虽然不是原版的旧报纸，但保持了原版的原汁原味。

NewspaperSG 是由新加坡国家图书馆管理局提供的在线报纸获取服务，收录了曾在新加坡与马来西亚出版的旧报纸资料。通过这个网上数字报纸资源平台，图书馆读者可以搜索、浏览与检索 1831—2009 年出版的英文、华文与马来文报纸，包括现在已经不再发行的《新加坡纪实报》和《商业纪实报》以及《马来西亚星期六邮报》等。

新加坡国家图书馆收藏有 200 多种新加坡和马来西亚主题报纸。这些报纸最早回溯至 1806 年，以英语为官方语言，也有马来文、泰米尔语和华文。这对于了解新加坡政治和社会生活是项重要的资源，尤其受学生和研究人员的欢迎。但在 NewspaperSG 项

目启动以前，读者如果要利用这些资源，必须前往李光前参考图书馆通过 17 000 多份缩微胶片查询。虽然电子资料库也提供一些档案查询新加坡当地新闻，但内容主要限于 20 世纪 80 时代及以后出版的报纸。这意味着新加坡的历史报纸大部分仍驻留在缩微胶片上，而通过缩微浏览既耗时又耗力。为了使历史新闻更多地被搜索与利用，新加坡国家图书馆管理局与新加坡报业控股合作，开始了 NewspaperSG 报纸数字化项目。2007 年 7 月 31 日，国家图书馆管理局和新加坡报业控股（SPH）签署了一份协议，将 1845 年起《海峡时报》的数字化内容保存在图书馆中并向公众开放。这一具有里程碑意义的协议拉开了新加坡报纸的数字化服务之路。

2009 年 3 月 NewspaperSG 开始试运行。读者通过单一的网站可以搜索超过 54.8 万页的数字化《海峡时报》（1845—1982）以及 200 种新加坡和马来西亚报纸的缩微胶片内容，但获取的内容限于简要信息，如报纸的标题、出版日期及 50 字左右的摘要等，全文只能通过图书馆多媒体工作站浏览。为了让新闻内容可以从互联网查阅，国家图书馆生成了报纸目录并提交至各大搜索引擎如 Google、Yahoo、MSN 等。

2010 年 1 月 28 日，国家图书馆管理局与新加坡报业控股签署了第二项协议，将其他语种如华文、马来文的报纸数码化后放至同一平台，让公众上网阅览。在协议签署的当天，新加坡图书馆 NewspaperSG 新平台（http://newspapers.nl.sg/）正式推出。与第一阶段试运行的平台不同，全面推出的 NewspaperSG 提供了更多功能，包括突出检索关键词、让读者通过社交网站阅读报道以及把相关的报道电邮给自己等。即便不想亲自去图书馆，公众也可以使用家中的电脑上网阅览这些报道。不过部分内容受到限制，比如最近 70 年由路透社、法新社、美联社等发表的文章，以及 1989 年后的《海峡时报》。

NewspaperSG 平台从推出至今，一直备受用户积极响应，来自 NewspaperSG 的研究资料正被陆续用于论文与著作之中。对于研究人员而言，NewspaperSG 不仅节省了他们查询资源的时间，而且在搜索过程中经常会有意外发现之喜。随着 NewspaperSG 平台的更新与发展，新加坡图书馆的用户也在源源不断增长，很多来自马来西亚、澳大利亚、英国、法国、荷兰和美国的读者通过 NewspaperSG 来搜索他们家庭祖先的信息。如今，NewspaperSG 平台已开始采用多语言用户界面，读者可以自由选择英文、中文或马来文浏览网站内容。除此之外，读者也可以通过网站新推出的栏目预览即将在 NewspaperSG 上供读者查询的报纸。

在 NewspaperSG 茁壮成长的背后，我们需要了解新加坡文献缴存制度与缩微策略，没有制度与保存策略的支撑就不会有今天的 NewspaperSG。1955 年，根据新加坡印刷商与出版商条例，新加坡国家图书馆承担起文献保存职责；1995 年"国家图书馆管理局法案"的颁布强化了这一职责，所有印刷文献需要存缴两个副本给国家图书馆保存，包括报纸。但由于报纸印刷使用的纸张质量较差，加上气候和虫害等因素，到 20 世纪 50 年代，早期报纸已到腐败的境地。为了解决这个问题，国家图书馆开始着手报纸、稀有文献及政府出版物的缩微处理，不过今天这项缩微工作已外包给数据商。根据相关法律规定，存缴的报纸副本有两份，国家图书馆的做法是一个副本保存在原始状态，并安置在受控的环境下保存；另外一个副本用于缩微，并将缩微胶片放于李光前参考图书馆及区域图书馆内，提供网站索引与阅览服务。正因为如此，才有今天的 NewspaperSG 平台。

【分析点评】

恰如新传媒新闻有限公司董事菲利普所言："感谢国家图书馆

管理局，新加坡人和国际图书馆用户可以有一种可靠的工具（NewspaperSG）来获取我们报纸上重要和即时的信息。"NewspaperSG 的出现，让用户坐在家中即可阅览过去 160 多年在新加坡本地出版的报纸，包括新加坡的第一份报纸《新加坡纪实报》（*Singapore Chronicle and Commercial Register*）以及《商业纪实报》（*Commercial Register*）、《马来西亚星期六邮报》（*Malayan Saturday Post*）、《土生华人报》（*Straits Chinese Herald*）、《海峡欧亚导报》（*Straits Eurasian Advocate*）等曾经在 19 世纪出版但早已停刊的英文报。这些具有重要历史意义的报纸对于新加坡人，特别是那些热衷于寻找新加坡根源的市民，是个很好的资讯平台，有助于建立民族认同感和归属感。同时，NewspaperSG 也为对新加坡历史感兴趣的其他国家用户提供了一个了解信息的有效途径。

　　NewspaperSG 的推出是新加坡国家图书馆一个具有里程碑意义的历史性时刻，这标志着新加坡已成为世界上少数获得授权可以将一个国家主要报纸过去卷期进行数字化的国家。从某种意义上而言，NewspaperSG 更是一笔财富，因为它收录的报纸全面覆盖了整个国家的社会历史，是宝贵的民族遗产。"超越印刷、超越新加坡，并通过跨语言与平台继续进行思考和丰富生活"，这就是 NewspaperSG。

【资料来源】

1. NewspaperSG. http://newspapers. nl. sg/.

2. 林妙娜. 国家图书馆设旧报网 公众可上网阅览旧报. http://news. omy. sg/News/Local％2BNews/Story/OMYStory201001290405-124126/2. html.

3. CDNLAO Newsletter. Newspaper collection and services at the National Library of Singapore. http://www. ndl. go. jp/en/cdnlao/newsletter/065/654. html，2009-7（No. 65）.

4. IFLA Asia and Oceania Section Newsletter. The National Library of Singapore Launches the Nation's first Searchable Digitised Newspaper Archive http：//www. ifla. org/files/asia-and-oceania/newsletters/june-2009. pdf，2009-6(Issue 21：1，p. 27).

5. Media Release：SPH and NLB Sign Agreement for Digitisation of the Straits Times Archives-Digitised Archives Available to the Public from the Second Half of 2008. ［2007-07-31］.

九、互动交流的新天地——美国密歇根州安娜堡区图书馆2.0服务

这是一个独具风格的英文网站，但不会英文也没有关系，可以选择自己的语言比如中文来浏览它。进入这个网站，你会看到最新的博客文章列表，全方位了解正在发生的活动报道或即将到来的特色活动预告，当然如果有兴趣，可以发表自己的评论或建议，也可以添加任何你认为会有助于他人找到该项目的标签；在这个网站，你还可以在线寻求家庭作业帮助，现场导师会在每日下午2点至晚上11点提供数学、英语、科学等学科的教学辅导；如果你需要做小生意或找工作，网站的商务资讯与求职工具包还可以帮你找到所有的信息。你一定觉得不可思议，这个令人耳目一新的网站并非网络社区，而是来自安娜堡区图书馆。

安娜堡区图书馆由1间中心馆和4间分馆组成，其存在的使命是通过一切传统与创新技术的使用，确保市民对纸本文献与数字资源的获取与利用，并为社区公民提供愉悦的聚集空间。随着数字、网络技术的迅速发展，用户的信息行为和需求发生了变化，越来越多的用户倾向于在互联网上进行社交、学习等活动，他们希望对信息内容进行独立判断和评价，并为资源的创建贡献自己

的知识和观点。显然，以图书馆为中心的信息服务模式已经不能满足用户的要求。为了迎合用户的这种变化，同时使得图书馆能更好地为用户服务，安娜堡区图书馆适时借助 Web2.0 的理念与技术对自身的服务进行升级，通过博客（BLOG）、维基（WIKI）、简易信息聚合（RSS）、标签（TAG）等社会软件的应用，将图书馆的信息主动送到用户面前，并吸引用户主动参与到图书馆的资源建设中来。下面让我们一起分享安娜堡区图书馆典型的 2.0 服务。

1. 利用博客和维基进行网络资源协同创作

安娜堡区图书馆通过博客发布大量信息，其图书馆主页就是一个博客，聚合了各部门博客最新发布的文章如声音资料博客、影像资料博客、热门游戏博客等。几乎图书馆的每一项活动都会通过博客来进行宣传和记录，并提供自定义标签，让信息查找变得便捷。通过用户热烈的回应我们能看到服务的受欢迎程度：几乎每篇文章都有用户回应，回应的最高纪录多达 67 条，当然这其中也包括了馆员对问题的回复。在博客之外，安娜堡区图书馆也以维基形式分学科提供学术研究导航，不但有该学科经典文献介绍，还有相关数据库介绍、重要网站链接等，为用户科研与协同创作提供方便。

2. 提供各种 RSS 信息服务

安娜堡区图书馆提供内容丰富的 RSS 种子，并且更新及时。从其提供的 RSS 列表中可以看出，在超过 100 个的子分类中共提供了过万条内容更新的信息，包括图书馆介绍、各分学科馆藏介绍、图书馆服务介绍、本地历史介绍等。用户可以通过 RSS 阅读器订阅自己感兴趣的信息，并在不打开安娜堡区图书馆网站的情况下获取最新的 RSS 通报。

3. 让用户参与资源组织与建设

安娜堡区图书馆充分利用用户的智慧进行资源组织，包括利用标签（TAG）标引资源、由用户对资源进行评论、推荐等。在2007年1月，安娜堡区图书馆完成了联机公共目录查询系统（OPAC）升级，其网站开发者约翰·布吕贝里（John Blyberg）将新版称为大众联机公共目录查询系统（Social OPAC，SOPAC）。大众联机公共目录查询系统引入了对馆藏进行评级、标签、评论、回复评论等社会性功能。使用这些社会性功能不限于其持证读者，只要经过注册，任何人都可以参与进去。大众联机公共目录查询系统还有一个非常引人注目的地方，提供用户对书目搜索结果的RSS定制服务，让用户第一时间掌握图书馆最新馆藏信息。在资源建设方面，安娜堡区图书馆鼓励用户参与，并提供虚拟空间供用户上传或分享资源。如安娜堡区图书馆开展的本地图片库服务，用户可以将社区相关信息和图片提交给图书馆，图书馆利用图片管理软件Gallery2管理这些资源，并让资源在网上共享。

4. 提供多项与谷歌整合的服务

图书馆作为一个信息内容收藏和提供机构，需要变得更有可见度，让用户更容易获得它所收藏和能提供的信息内容。打开安娜堡区图书馆网站，用户无论来自韩国、日本、中国还是西班牙、阿拉伯、俄罗斯，都可以找到自己的语言来浏览页面内容，图书馆通过谷歌翻译功能提供页面的全文翻译。安娜堡区图书馆与谷歌整合最出名的服务是"GO-GO-GOOGLE-GADGET"（谷歌Web应用开发小工具），通过"GO-GO-GOOGLE-GADGET"将馆藏信息从系统中提出，嵌入到用户最常用的谷歌个性化主页上。用户可以在个人的谷歌空间查看自己的图书馆信息，如个人图书借阅信息、新书信息、图书馆动态等。通过对图书馆数据的再包装，使得用户可以随时随地感受到图书馆的存在。因出色的服务混搭，安娜堡区图书馆的"GO-GO-GOOGLE-GADGET"项目获得了2006年英国TALIS公司主办的"图书馆应用融合竞赛"一等奖。

【分析点评】

在日趋激烈的信息市场竞争中，用户需求不断变化，要实现图书馆的可持续发展，因用户而变是图书馆服务的最佳选择。图书馆2.0既是以用户为中心的新的图书馆服务模式，更是研究与改进图书馆数字化服务的一种认识与思考。图书馆2.0的核心是以用户为中心的变化，邀请用户参与建设图书馆的实体与虚拟服务，保持与用户的交流互动。

安娜堡区图书馆是图书馆2.0中当之无愧的明星，它将图书馆网站改造成一个网志，提供了构建在线社区以及快速反馈的条件。在安娜堡区图书馆极具2.0风格的网站上，用户可以参与其中，以博客、写评论、贴标签、上传图片等方式来贡献、分享和管理自己的知识、观点。其博客界面的网站、用户参与形成的本地图片库、OPAC检索结果显示智能关联等，都是图书馆2.0的绝佳实例。

通过博客、维基、简易信息聚合、标签等社会软件的应用，安娜堡区图书馆拓展了用户与馆员之间、不同用户之间交流的渠道，让图书馆服务呈现去中心化的特点。同时，有效延伸了图书馆的边界，将图书馆信息传递给每个用户，还让每个用户都成为网络社会的真正主体，充分释放了网民的创造潜能。

【资料来源】

1. Ann Arbor District Library. http://www. aadl. org/.

2. AADL 网络主管与主要开发者 JohnBlyberg 博客. http://www. blyberg. net/.

3. 范并思，胡小菁. 图书馆 2.0：构建新的图书馆服务. 大学图书馆学报，2006(1)：2—6.

4. 赵博. 图书馆 2.0 建设原则与策略研究. 北京邮电大学硕士研究生学位论文，2009.

第六章 新技术在服务中的应用

近三十年来，计算机技术、通信技术、信息技术迅速发展，给图书馆带来了强有力的冲击。计算机技术和通信技术的结合推动了互联网的发展，有人曾悲观估计随着无纸化社会的来临图书馆将走向消亡，然而图书馆却借助计算机技术和互联网实现了全面的自动化并使图书馆服务跨出了馆舍，步入虚拟空间；随着互联网的普及、电子信息的迅速膨胀，有人担心互联网的导引系统和搜索引擎会替代图书馆，成为人们获取信息的主要途径，然而图书馆充分利用信息通信技术和高新技术的成果，开发出以数字图书馆为代表的图书馆信息服务和产品，使图书馆跟上了时代的步伐。当下，数字出版、云计算等新技术再次对图书馆形成了冲击，相信图书馆一定能经受住考验，与时俱进，力争在未来知识服务体系中赢得一席之地。

本章选取在计算机技术和通信技术冲击下的图书馆自动化技术案例、物联网环境下的 RFID 技术、3G 与移动大环境下的手机图书馆、Web2.0 技术推动的图书馆 2.0 服务以及图书馆与云计算等几个案例，反映图书馆界在新技术环境下勇于探索、敢于创新的精神，以及在实践中的宝贵经验教训。

一、走向图书馆自动化——ILAS 系统的研制与发展历程

图书馆自动化，或曰计算机化，在我国不过是二十多年的光景，可谓弹指一挥间就经历了河东河西的嬗变：当年读者要在一排排目录柜翻检卡片，现在通过网络可以在任何地方检索图书馆的文献；当年图书馆员还在为排队借还书的读者忙碌翻找借书记

录，现在通过电脑或自助设备几秒钟就可以完成了；当年科研人员为了找到所需的资料，往往要跋山涉水、四处奔走，现在一张通用借书证就可以查阅全城乃至全国、全世界图书馆的收藏。短短的二十余年中，自动化给图书馆带来了翻天覆地的变化。在图书馆自动化以及信息化、智能化、数字化发展的历程中，始终都有一个身影——ILAS(图书馆自动化集成系统)。

1. 群策群力的科研项目

20世纪80年代中期，微型计算机以其高性能价格比在我国得到了应用，汉字信息处理技术及其系统开始走向实用化，图书馆自动化经过一段时间的摸索、试验，取得了一定的成果。但从整体上来看，我国图书馆自动化系统应用水平低，软件研制未走向商品化、标准化，书目数据库建设未形成规模，配套设备与技术跟不上，更重要的是没有统一规划，各行其是，低水平的重复研制现象较为严重等。在这种情况下，文化部图书馆司于1985年先后召开了几次图书馆自动化研讨会，总结了我国公共图书馆自动化的成绩、问题，分析了我国图书馆的实际情况。1987年，文化部图书馆司提出了集中力量，搞一套集成系统(包括硬件、软件的实施方案)，供全国公共图书馆使用的设想。文化部经过周密的调查，依据专家们的可行性论证意见和图书馆自动化诸多因素的考虑，决定集中全国图书馆界的力量，在深圳图书馆研发此项目。1988年1月文化部教科司、图书馆司与深圳图书馆签订了《文化科技三项费用专项合同》，并拨款21万元。从此，该项目按系统工程方法，走上了正常的研制轨道。

经过ILAS项目组的艰苦努力，1991年11月，ILAS通过文化部主持召开的专家鉴定，ILAS从此诞生了。有别于以前一些单机版、独立功能模块的自动化系统，ILAS是一个真正意义上的自动化集成系统，它整合了图书馆全面的工作业务流程，涵盖了采访、编目、流通、期刊等工作环节，实现了图书馆业务的自动化、信息化。ILAS 系统是中国最早的大型图书馆自动化集成系统之一，是从国内图书馆实际应用需求出发的、适合国内图书馆的工作环境和文化背景的系统。

2. 科研成果的推广典范

系统研制完成并通过鉴定后，得到了文化部图书馆司、科技司"班子不散，开发工作不断，服务更上一层楼"的指示精神。根据这一精神，在深圳市政府的大力支持下，在深圳图书馆建立了一个科研、生产、推广基地。

同时，各地图书馆又组织起本地推广基地，推广 ILAS 的使用。全国 ILAS 推广基地近 30 个，形成了全国共同推进图书馆自动化建设的局面。

二十多年来，ILAS 经过研制、试验、测试、产品化、推广、不断升级的进程，取得了丰硕的成果，为全国图书馆自动化事业做出了巨大的贡献。目前，系统已形成了近 4 000 家用户群体，分布在全国 30 个省、100 多个地市、200 多个大专院校。

3. 永不停步的技术革新

1992 年，ILAS 完成了一套自主开发适合国情的图书馆自动化集成系统，包括采访、编目、流通、连续出版物管理、联机检索、参考咨询、联合采编、OPAC 等。在各馆经费紧张的情况下，ILAS 开发了一个"图书馆专用数据库管理系统——LDBMS"，始终保持着系统的普适性和先进性，为我国图书馆应用系统填补了空白。

1997 年，深圳图书馆推出第二代产品 ILAS II，使图书馆自动化系统由内部管理走向网络。ILAS II 是在 ILAS 一代的基础上经全面技术改进后开发出来的一套通用图书馆自动化网络版软件系统。系统在图书馆内部管理方面大大完善，现在很多图书馆应用系统中仍可见 ILASⅡ的影子；系统同时支持 CNMARC、US-MARC、UNICODE、Z39.50 等国际、国内标准，成为一个开放的系统；同时基础互联网开发了联机公共查询、网上流通等一系列功能，使图书馆的服务走向了互联网。随着 ILAS II 的应用，全国图书馆的服务也从馆舍阵地服务走上了互联网服务这个大平台。

1998 年，ILAS 推出了联合采编网络系统（UACN）。通过 Z39.50 协议的应用，使 ILAS 系统和其他自动化系统可以进行相互的书目信息检索、联机编目、建立联合目录、馆际互借、文献传递等工作。UACN 先后在全国联机编目中心、地方版文献联合采编协作网、上海市文献联合编目中心等十多个联机编目中心使用，促进了图书馆业务交流与合作。

2005 年 5 月，ILAS 的第三代产品"数字图书馆体系结构研究与应用平台开发"项目（简称 ILAS Ⅲ，下同）通过了文化部鉴定。专家一致认为：ILAS Ⅲ 在分布式的体系结构、跨平台和跨数据库应用、系统实用性和功能完备性等方面达到了国内领先水平。2006 年深圳图书馆新馆开馆，全面采用 RFID 系统，ILAS 系统又增加了对 RFID 在图书馆应用的支持。

2009 年，ILAS Ⅲ正式发布。ILAS Ⅲ已发展成为一个完整的数字图书馆解决方案和实用系统，图书馆用户可以通过 ILAS Ⅲ 提供的功能和技术进行资源整合、服务整合。城市图书馆总分馆系统、数字图书馆系统、手机图书馆、流媒体管理系统、电子阅览室管理系统、RFID 智能管理，均可以在系统中得到解决。

4. 图书馆自动化的学校

ILAS 项目为我国图书馆造就了一大批图书馆自动化系统应用人才。

项目伊始，文化部组织全国图书馆进行图书馆自动化培训，挑选项目参加人员，为图书馆自动化撒下了火种。

项目研发中，凝聚和培养了一大批精通 IT 和图书馆业务的两栖人才，产生了许多国家级、省市级专家，以及劳动模范、高级专业技术人员、突出贡献人才等。

项目推广中，在全国数千家图书馆中也形成了一支又一支高水平专业技术队伍，现在他们已是各馆的现代化的基础力量。二十多年来，开办了馆长培训班、系统高级管理员培训班、用户应用培训班等，学员总数近万人。

【分析点评】

ILAS 项目发展的二十多年，是我国图书馆自动化从无到有并取得长足进步的二十多年，在 ILAS 身上可以清晰地看到我国图书馆自动化、现代化的历程。在这二十多年中，ILAS 伴随着我国图书馆自动化事业的发展而不断成长，从文化部的一个重点科技项目成为全球拥有 4 000 多用户的图书馆自动化产品。一大批图书馆自动化人才、数字图书馆人才缘起 ILAS，服务于各类型、各层次图书馆。ILAS 作为一个科研项目，其产生的社会效益、经济效益堪当科研项目中的楷模。

【资料来源】

1. 吴晞. ILAS 是什么. 公共图书馆，2009(2).

2. http://www.ilas.com.cn.

3. 王大可. ILAS II 的开发模式与技术特点. 图书馆自动化，1992(2).

4. 余光镇. ILAS 图书馆自动化系统发展进步的十年. 现代图书情报技术，1999.

二、从自动化到智能化——RFID 在图书馆的应用

在深圳图书馆借阅大厅，川流不息的读者拿着自己喜欢的图书，一次性放在"自助借还书机"的屏幕下方，在相应区域扫描一下读者卡或手机借书证，输入密码，电脑显示还借书目的所有信息后，读者再按下"确认"键即可完成全部借还流程，操作简单方便。在书库，工作人员拿着设备先扫描一下书架的架标，然后直接在书架上扫描图书，一旦发现乱架图书，系统会自动提示，工作人员马上就能拿出乱架的图书，及时整理。种种工作，在以前对图书馆工作人员和读者来说都是繁重和效率低下的劳动，但是通过 RFID 技术大大得到了改观。对于读者来说，RFID 自助借还能减少读者借阅排队的时间，读者获得更自由更舒适的自助服务，读者的满意度得到很大提升。在深圳图书馆试开馆期间，自助借还系统承担了 90% 以上的外借工作量。

RFID 的全称是 Radio Frequency Identification，即无线射频标识，是一项非接触的自动识别技术。它通过射频信号自动识别目标对象并获取相关数据，识别工作无须人工干预，可工作于各种恶劣环境。该技术最早起源于 1948 年第二次世界大战中的敌我识别系统。之后几十年，已经广泛应用于物流、交通等许多领域。RFID 已经被广泛认为是 21 世纪将会产生重大影响的技术。

1. RFID 的工作原理

RFID 是通过射频信号自动识别目标对象并获取相关数据。最基本的 RFID 系统由电子标签（RFID TAG 即射频卡）、阅读器（也称解读器）、天线三部分组成。其工作流程是阅读器通过天线发送一定频率的射频信号，当电子标签进入天线工作区域时产生感应电流，获得能量并被激活；电子标签将自身编码等信息通过内置天线发送出去；系统接收天线接收到这些信号后，经天线调

节器传送到阅读器；阅读器对接收的信号进行解调和解码后送到后台主系统进行相关处理；主系统根据逻辑运算判断该卡的合法性，针对不同的设定做出相应的处理和控制，发出指令信号执行机构操作。在图书馆应用中，就是为每一本图书和书架贴上RFID标签，作为识别和定位的目标。通过RFID阅读器对标签进行阅读，完成相应的系列工作，如图书借还、清点。

2. RFID在图书馆的发展和实际应用

图书馆于20世纪90年代开始关注RFID技术，部分图书馆开始引进RFID技术。到了21世纪，图书馆对RFID的应用不断增加。

新加坡国家图书馆管理局一家科技公司成功合作研发基于RFID的技术服务于图书馆的整套系统和设备，1996年开始启动试用，2003年实现23家分馆的全面使用。

美国内华达州立大学全盘使用了RFID系统，实现了RFID图书清点功能，尤其是其藏书60万册的闭架书库，创造性实现了RFID定位排架，由电脑控制机械手存放并索取图书，摒弃了传统图书馆索书号排架方式的制约，实现了图书的随机精确定位和查找，这一点拓展了使用RFID的新思路。

国内最早应用RFID的图书馆有厦门集美大学诚毅学院图书馆和深圳图书馆，其中尤其以深圳图书馆的影响最为深远。

2006年7月深圳图书馆新馆开馆，全面采用RFID系统。图书馆为每本图书贴上RFID标签，通过专用设备即可远距离对图书内的标签进行读取，实现了图书自助借还、自助分拣、自助清点馆藏、智能书车和射频防盗等一系列自动化管理功能。

3. RFID在图书馆日常应用中的优势

与传统的条形码识别技术相比，RFID具有储存数据可更新、容量大、重复使用、可同时读取多个数据等优越性，具有超越条形码的智能性特点。RFID 是一种可能代替条形码技术的标签技术革新，它以无线、大容量、智能化等特点将逐步实现对条形码技术地位的取代。

由于现在大部分图书馆都采取了借藏阅一体化的服务方式，开架借书在方便读者借阅时也带来一些弊端。图书乱架就是开架借阅所面临的最大困扰。如果使用条码标签，图书清点就要取下每本图书逐个条码标签采集，工作量大、效率低。采用 RFID 标签无需接触标签，只要近距离扫描即可进行信息收集，信息收集简单、快速。而且如果图书摆放位置不正确可以立刻提示。因此，在图书清点顺架工作中，RFID 标签比条码标签有着巨大的优势。同样在自助借还工作中，使用条码标签，读者借书的时候都是要逐本图书一一对应进行借还，还要求条码标签放置在条码阅读器下，方能阅读成功。这对读者操作要求高，而且读取速度慢。使用 RFID 可以一次性读取多个标签，自助借还的操作相对简单。

在图书馆 RFID 起步之初，由于 RFID 标签价格昂贵，阻碍了 RFID 在图书馆的发展速度。随着 RFID 技术的日渐成熟，RFID 标签和设备的价格逐步下降，越来越多的图书馆采用了 RFID 技术。据不完全统计，到 2010 年 7 月，全国已有 50 余家图书馆实施或测试 RFID 技术管理图书。比较大型的图书馆用户有国家图书馆、广东省立中山图书馆、杭州图书馆、汕头大学图书馆等。

目前 RFID 在图书馆应用中主要包括以下内容：自助借还、图书分拣、馆藏清点、架位标识与文献导航、射频防盗。图书馆应用 RFID 标签主要有高频（HF）和超高频（UHF）两种。当前国内的应用高频是主流，但是超高频发展迅速，大有后来居上的趋势。

4. RFID 的创新应用——城市街区自助图书馆

在深圳市"图书馆之城(2006—2010)五年规划"中，街道、社区图书馆的建设是一个重点内容。但是根据历年深圳市文化局组织专家对全市街道、社区图书馆进行定级、达标检查的情况来看，基层图书馆建设还存在部分图书馆馆舍位置偏僻、人员素质不高、馆藏资源更新少、利用率低下等问题，特别是社区图书馆管理人员缺乏的问题难以解决。针对这一现状，深圳图书馆于 2008 年利用 RFID 技术为基础，集成了各种高科技手段，推出了"城市街区 24 小时自助图书馆系统"。街区自助图书馆全天候 24 小时开放，完全自助，系统支持借书、还书、办证、预约、续借等图书馆基本服务。街区自助图书馆一经推出即在图书馆界引起巨大反响，也成为图书馆自助服务发展的一个方向。

【分析点评】

通过 RFID 在图书馆的应用可以看出，RFID 的确能够为图书馆解决问题，提高效率、降低服务所需的人力投入，但这仅仅是 RFID 为图书馆行业创造价值的一部分。通过 RFID 技术，能有效提高图书馆的管理精度，改善服务形象，拓展延伸服务，为这项公益性服务创造出巨大的社会效益。更为重要的是，RFID 技术的应用体现了现代图书馆人对新技术的敏感与追求，不断推陈出新，勇立潮头。

【资料来源】

1. 甘琳. RFID 技术在图书馆的创新应用. 图书馆论坛，2007(3).

2. 吴晞，马瑞，李星光. RFID 系统及其在图书馆中的应用. 图书馆论坛，2005(1).

3. 王冰. RFID 技术与图书馆服务创新. 图书馆论坛，2007(4).

三、服务，因你而变——Web2.0 在图书馆的新尝试

Web2.0 是相对 Web1.0 的新的一类互联网应用的统称。Web1.0 的主要特点在于用户通过浏览器获取信息。Web2.0 则更注重用户的交互作用，用户既是网站内容的浏览者，也是网站内容的制造者。Web2.0 技术主要包括：博客、RSS、百科全书（Wiki）、网摘、社交网络（SNS）、P2P、即时信息（IM）、微博等。

Web2.0 具有以下一些显著特点：（1）用户分享。在 Web2.0 模式下，用户可以不受时间和地域的限制分享各种观点，可以得到自己需要的信息也可以发布自己的观点。（2）以兴趣为聚合点的社群。在 Web2.0 模式下，聚集的是对某个或者某些问题感兴趣的群体。（3）开放的平台，活跃的用户。平台对于用户来说是开放的，而且用户因为兴趣而保持比较高的忠诚度，他们会积极参与。

图书馆 2.0 是 Web 2.0 在图书馆的应用，或者说是 Web 2.0 的思想对人们研究与改进图书馆数字化服务的一种认识与思考。

图书馆 2.0 概念出现的时间不长。但在这一概念出现之前，众多的 Web 2.0 服务，特别是维基、博客和 RSS，向图书馆提示了在网络环境下拓展图书馆信息资源、延伸图书馆信息服务、实现与提升图书馆服务理念的无限可能。图书馆面对种种新技术，总是会及时采用，为读者提供贴心的服务。为尝试新技术，中外图书馆界早已开始探索被称为"图书馆 2.0"的应用。Web2.0 技术在图书馆的应用也是越来越齐全，常用的博客（BLOG）、RSS、百科全书、网摘、社交网络（SNS）、P2P、即时信息（IM）、微博等都能在各大图书馆的门户网站上找到踪迹。

1. 微博在图书馆的应用

2011 年世界读书日期间，首都图书馆开展了"图书交换大集"活动。与以往活动不同的是，首都图书馆将这一活动搬上了微博

平台，从发布活动预告到即时发布现场情况，再到参与者"晒"换书成果，首都图书馆的官方微博都发挥了巨大的作用，以最快的速度将整个活动的情况真实、完整地记录下来。这当中，由于微博可以通过手机等快捷途径迅速发布文字、图像、视频等，许多活动参与者也都通过这一平台成为了活动的报道者，这些都大大提高了活动的影响力和民众的参与度。据首都图书馆工作人员介绍，"图书交换大集"的活动消息和跟进报道在微博上发出后，首图微博"粉丝"人数从不到 1 000 飙升到 2 000 多，且当日来参加活动的人数也超过了 1 000 人，收到了很好的宣传效果。

微博，是微博客(MicroBlog)的简称，是一个基于用户关系的信息分享、传播以及获取平台。用户可以通过 WEB、WAP 以及各种客户端组建个人社区，以 140 字左右的文字更新信息，并实现即时分享。微博与博客的区别在于：博客，又译为网络日志、部落格或部落阁等，是一种通常由个人管理、不定期张贴新的文章的网站；微博，相对于强调版面布置的博客来说，微博的内容只是由简单的只言片语组成(一般信息更新不超过 140 字)。因此微博对用户的技术要求门槛很低，而且在语言的编排组织上没有博客那么高；微博开通的多种 API 使得大量的用户可以通过手机、网络等方式来即时更新自己的个人信息。

最早也是最著名的微博是美国的 Twitter。根据相关公开数据，截至 2010 年 1 月，该产品在全球已经拥有 7 500 万注册用户。

微博作为新型的网络技术应用平台，其影响力日益受到社会各界的关注。2010 年 1 月发布的《第 27 次中国互联网络发展状况统计报告》显示，在对 2009 年 12 月至 2010 年 12 月各类网络应用使用率的统计中，我国微博用户规模达到 6 311 万，使用率达 13.8%。如何利用和驾驭好微博这一技术平台，使其为己所用，已成为各行各界深思的问题，而集教育功能和服务功能于一体的图书馆自然也不例外。通过微博平台能扩大图书馆的影响力。在微博日渐风行之时，很多图书馆都注册了微博账号，并逐渐在这一平台上开辟出了与读者互动的一席之地。如今，登录新浪微博输入"图书馆"，以"图书馆"为名称的微博有 500 多家，其中既有实体图书馆的官方微博，又有虚拟的以"图书馆"称谓的图书组织。在新浪网落户的实体图书馆的官方微博中，不仅有许多公共图书馆，还有很多高校图书馆。这些图书馆通过微博发布的信息内容以新书推荐、图书活动预告等为主，并通过与微博用户的交流、互动，逐渐吸引着更多的"粉丝"读者。例如，北京东城区图书馆的新浪微博粉丝人数目前已有 2.8 万余人；致力于"推广国民阅读，促进乡村教育革新"的民间公益组织"立人图书馆"的新浪微博已有"粉丝"7 000 多人；分布在中国各城市的社区公益民间图书馆"荒岛图书馆"在新浪微博也拥有广大的人气。首都图书馆微博的"粉丝"自创建以来已经超过 5 千人，除了经常发布馆内信息、组织同城活动之外，该微博还与一些微博上的"节点"人物建立了良好的关系，以逐渐发展自己的潜在用户和读者。首都图书馆微博由馆内的宣传策划部管理，该部门负责人指出："长期以来，图书馆给人们的印象是故纸堆、老旧、边缘化、退休闲散人员的去处。我们不遗余力地利用微博等新手段、新渠道来扩大图书馆的影响力，就是要改变人们的这种印象，吸引更多人尤其是年轻一代走进图书馆、利用图书馆。当代图书馆已经不能坐等读者来馆，而是要增加自身的吸引力，充分展示自身优势，并及时获知读者想要什么才行。"

在国内某个著名微博的网站上，有这样一个微博，自我介绍上写道：女，1912 年，行业：新闻出版·文化工作，家乡：四川成都，现居：四川成都。个人主页：http://www.cdclib.org。介绍：博尔赫斯说："如果有天堂，天堂应是图书馆的模样。"当您沉醉于学习的乐趣，一个开放、平等、自由获取的成都图书馆将伴随您身边……这就是成都图书馆微博的自我介绍。成都图书馆微博的自我介绍一改图书馆以往呆板的形象，给人以图书馆成为网络虚拟人的感觉，让人们在网上对这个图书馆增添了更多的亲切感。

微博有利于图书馆提升活力形象。事实上，图书馆应该是人们的文化休闲中心、信息集散地和交流中心。在树立形象的同时，图书馆也要利用微博的交互性、及时性等特点，宣传图书馆的各项服务举措、活动，并及时收集读者反馈，了解读者的个性化需求，使服务工作更有针对性。而由于每条微博有一两百字的字数限制，图书馆在开设微博服务时，也需要有选择地整合各种信息，有针对性地开发微博服务，例如简单的图书馆公告、资源的宣传服务、互动服务等。

2. 即时通信（IM）在图书馆的应用

即时通信（IM）是指能够即时发送和接收互联网消息的业务，常用的即时通信软件有 MSN、ICQ、QQ 等。上海交通大学图书馆提供了一款利用 MSN 工具的 OPAC"机器人"，只需要读者在 MSN 中添加 OPAC 机器人账号（sjtulib. opac@hotmail. com），向它发送你的检索词，机器人就会在一段时间之后推送你的检索结果界面。OPAC 机器人功能的特点：（1）简单方便。只需要向机器人发送需要检索的关键词，机器人即会提供查询的结果页面。（2）检索快捷。不再需要打开 OPAC 页面进行书目检索，只需在常用的 MSN 联系中点击机器人，问它即可。（3）服务不受时间和地域的控制。机器人 24 小时在线，只要能使用互联网就可与机器人对话，享受图书馆的服务。

深圳图书馆的 IM 实时咨询则是面向整个互联网用户的，使用这个实时咨询的人不是一定要成为深圳图书馆的读者，只要他能在网上访问深圳图书馆的主页即可使用这个实时咨询。这样大大降低读者使用图书馆网络服务的门槛，只要能上网，读者就能享受深圳图书馆的实时咨询服务。

3. 社交网络(SNS)在图书馆的应用

社交网络(SNS)专指旨在帮助人们建立社会性网络的互联网应用服务。其主要依据是六度分割理论。1967 年，哈佛大学的心理学教授 Stanley Milgram 创立了六度分割理论，简单地说："你和任何一个陌生人之间所间隔的人不会超过六个，也就是说，最多通过六个人你就能够认识任何一个陌生人。"根据这种理论，出现了面向社会性网络的互联网服务，通过"熟人的熟人"来进行网络社交拓展就是现在的 SNS。在社交网站，我们可以认识他人，收集和分享任意第一手信息和经验，发展朋友关系和联盟。常用的社交网站有 Facebook、开心网、人人网等。

在清华大学图书馆主页上可以看到，只要在人人网注册登录后，把"清华大学图书馆书友会"加为好友，每次登录人人网，即可看到清华大学图书馆书友会的各种最新动态与消息。用户可以参与这些信息讨论或转发给自己的好友，与好友分享清华大学图书馆书友会的信息。通过社交网站与图书馆成为好友，可以将具有同一兴趣话题的人聚集起来。清华大学图书馆书友会的好处在于，除具有个人用户的功能之外，它对于人人网上的所有用户都是透明的，即无论是否是俱乐部成员，都可以随时查看清华大学图书馆书友会的内容。

将图书馆的服务融入社交网络，可以扩大图书馆的受众面，参与读者的文化世界，实时了解读者的需求，提升和扩展图书馆在读者个人文化生活中的作用和影响。

4. RSS 在图书馆的应用

RSS 订阅是站点用来和其他站点之间共享内容的一种简易方式，即 Really Simple Syndication（简易信息聚合）。RSS 通常被用于新闻和其他按顺序排列的网站。通过 RSS 能让别人很容易发现你已经更新了站点，让人们很容易追踪他们阅读的所有 Weblogs。上海图书馆 RSS 订阅提供了上图讲座、图情动态等几个栏目。读者只要点击网页上的图标，订阅 RSS 源就可以定时看到网页更新。

Web2.0 在图书馆的应用大多从服务出发，取得了不少很有前景的成果。虽然全方位使用 Web2.0 技术的图书馆非常鲜见，但是图书馆 2.0 展示了美好的前景，令人向往。

【分析点评】

Web2.0 技术从互联网出现到图书馆实际应用经历了一段时间。目前图书馆对 Web2.0 的应用也不算是很成熟，这可能与图书馆 IT 技术人才缺乏有关。而且 Web2.0 应用面向整个互联网，维护工作量大，所以 Web2.0 的应用要真正切入到图书馆，在图书馆广泛使用还需要一个过程。Web 2.0 的核心精神，注重用户参与，使用 web2.0 技术体现了图书馆的服务意识在不断强化。这与公共图书馆一以贯之的精神是一致的。

【资料来源】

1. 范并思，胡小菁. 图书馆 2.0 构建新的图书馆服务. 大学图书馆学报，2006(1).

2. 程志强. Web2.0 及其在图书馆中的应用研究.

3. 胡丽丽. Web2.0 技术在高校图书馆信息服务中的应用. 科技情报开发与经济，2011(21).

4. 张真一. Web2.0 在高校图书馆应用案例举要. 图书与情报，2011(5).

四、移动改变阅读——上海图书馆的手机图书馆

张老师是一个 IT 潮人，对最新的 IT 技术都十分留意。由于工作需要，他经常要去上海图书馆查资料。很早，他就发现上海图书馆有手机服务，他也随之注册了手机服务。随着这几年技术的发展和变迁，张老师发现上海图书馆提供的移动图书馆服务已经和最初出现的手机图书馆在服务内容和形式上都有了很大的改变，服务的形式多样化了、内容也丰富多了。

21 世纪是网络的世纪，互联网是一张无边无际的网，轻易就把大家纳入到了网中。我们大家都深深陷入在这张无边无际的互联网中，在日常生活里，乘车或候车、在饭堂里排队打饭等，经常能看到很多人拿着手机看网页或读小说。WF、3G 等各种无线技术的发展，智能手机、电脑等各种无线终端的出现，让互联网已经完完全全嵌入到人们的日常生活中去了。移动互联让人们随时随地都能使用互联网，这已经成为当今互联网发展的主流方向之一。

手机图书馆和移动图书馆都是基于移动互联技术新的图书馆服务形式。图书馆通过借助通信技术和移动设备实现了图书馆服务的泛在化，使得图书馆用户服务无缝、动态、交互地融入到用户的日常生活中。最初的手机图书馆应用可以追溯到 2000 年左右的日本。日本富山大学图书馆于 2000 年 9 月开发出 I-MODE 手机的书目查询 OPAC 系统，此系统初现手机图书馆的雏形，此后为 I-MODE 手机读者提供在线书目查询、催还、预约、续借、即时

通知等服务。目前，全国已有几十家图书馆开通了手机图书馆或移动图书馆。

上文中提到的张老师使用的就是上海图书馆的移动阅读服务。上海图书馆是国内较早进行手机图书馆和移动图书馆试验的图书馆之一。早在 2005 年 5 月，上海图书馆就推出了"手机图书馆"服务。当时，只要是移动、联通手机用户，只需发送短信到816055，便可以享受到上海图书馆的短信服务，内容为：开馆信息、书目检索、文献请求、参考咨询、讲座预订等。上海图书馆手机服务是 24 小时接受读者通过手机短信咨询或预定讲座，上海图书馆将于星期一至星期五 9 时至 16 时 30 分实时回复。法定假日和非工作时间不作实时回复，顺延至下一工作日的第一时间回复。

在服务开通之际，就有一位读者在凌晨通过手机短信向上海图书馆求助。"要找 2000 年以后每年 IMF 关于各国汇率制度安排的分类的数目统计，最好是中文的，在哪里找，做论文用的，非常急。"到了当天上午 10 时 50 分，上海图书馆文献提供中心工作人员陈女士向这位读者发去短信回复："通过清华同方期刊题录库查到一篇，《汇率安排与货币政策框架——IMF 有关汇率安排的最新统计分类方法及其结果分析》/上海金融/2000(08)，另外您可访问：http://eservice. digilib. sh. cn，通过清华同方期刊题录库检索。"读者根据这个信息再进一步搜索自己需要的资料。

因为在 2G 时代，网络带宽不足，当时的手机图书馆主要是一些流量少的简单服务，基本都是一些短信推送服务，主要包括开馆信息、讲座预订、咨询文献、图书预约到书通知、读者所借图书的超期提醒和催还通知、借书证挂失等，这些服务都是通过短信来实现的。随后还有手机网站的推出，在上海图书馆，读者只要使用手机登录 http://m. library. sh. cn/，登录"我的图书馆"

即可查询个人的图书借阅信息、读者卡信息，还能进行 OPAC 查询，进行图书预约和续借。

使用这些短信服务和手机网站，只需向手机网络运营商支付普通的短信费和网络流量费，图书馆提供手机服务的内容是完全免费的。

虽然在 2G 时代，手机服务内容和形式都比较简单，但是通过使用手机服务，增加了图书馆对读者传递信息的一个手段。通过短信能及时把图书馆的动态、新书信息、图书馆活动等推送给读者。读者及时接收到信息后，可以主动选择使用这些信息，提高了图书馆信息的利用率。

在一些个人服务上，如外借过期提醒，使图书馆的服务做得更加细致，对读者服务更周到。短信续借和预约都方便了读者，以前这些服务都要到图书馆现场完成，现在通过手机短信，读者可以随时随地完成，这样能节约读者大量时间。

除了上海图书馆，目前国内很多图书馆都提供了手机短信服务，特别是公共图书馆由于读者分散，手机短信服务已经是一个重要的服务方式。

随着 3G 的到来，手机上网带宽和速度都大幅提升。同时智能手机的发展，还有互联网无线 WIFI 的普及，各种手持无线接入设备的出现（如 IPAD），手机图书馆的服务内容和范围有了进一步的拓宽，移动图书馆逐步发展起来。移动图书馆除了包括原来手机图书馆的服务内容，更主要的是全面地在各种移动设备以及智能手机上使用图书馆的资源，而不是有限的文字性服务。读者可以在任何时间、任何地点，通过任何类型的移动终端设备便捷地发现和获取图书馆信息资源，流畅地享受和使用图书馆信息服务。这就是移动图书馆的目的。

上海图书馆的手机图书馆服务包括 7 项内容：动态新闻、上图讲座、分馆导引、上海市民数字阅读、上图电子书、服务与简介、上海与世博。

在分馆导引栏目中，详细列出了上海图书馆以及上海市中心图书馆"一卡通"全市 130 多家开通的分馆和服务点的地址、电话、开放时间等信息，还特别配有手机网上地图服务，通过地图导引读者前往各图书馆借阅书刊。

上海图书馆电子书栏目，为读者提供全新的电子书借阅服务。只要读者凭上海图书馆读者卡和身份证号就可以通过手机移动阅读方式看电子书。在线阅读时，读者可以做书签，笔记，重点字句高亮保存，划词翻译，书内全文搜索并以列表方式显示。读者看某本电子书的同时可以提问或回答问题，写书评等多个实用功能。在使用手机阅读电子书之前，先要根据手机型号下载安装相应的客户端。上海图书馆的手机客户端是 2010 年下半年推出的，包括了基于谷歌 Android 平台和苹果 iOS 平台的两款客户端。当前支持的主要是 HTC、Google、苹果、摩托罗拉、三星等几款智能手机。电子书借阅的出现，把图书馆的资源放到了读者的手机上，使读者把图书馆揣进口袋的梦想变成了现实。

上海图书馆的手机图书馆除了现有的应用外，正在研究更多新的应用整合，如视频点播、消息推送、虚拟导航等。通过这些功能可使读者在图书馆中实时获知馆中所在阅览室信息，并接受图书馆推送的即时消息和提醒。图书馆客户端应用也可以与当下走红的微博、SNS 社区、论坛博客、视频网站等众多 Web2.0 新业务相结合，使应用程序从以读者服务为主转变为可供在读者之间和读者与馆员之间进行各种交流、分享和互动的实用平台。

手机图书馆和移动图书馆拓宽了图书馆服务的时空领域，不受图书馆闭馆时间、休假时间等影响，使得以往的图书馆固定服务变为主动服务。读者可以利用等车排队等各种时间碎片来访问图书馆资源，获得充分的图书馆服务。但是移动图书馆的发展还存在很大的障碍。

目前，移动图书馆的应用还有很多技术困难，比如不同厂家品牌的手机，各种移动终端设备在显示屏幕和格式方面的差异给移动图书馆的推广带来难题。还有图书馆各种电子资源使用了不同格式，这些不同格式的全文文件如何转换，再在同一浏览器上阅读也是一个主要的难点。

由于计算机技术的迅猛发展，每年都会有新技术不断诞生和投入使用。但是一些年代久远的图书馆自动化系统、电子书系统，在系统设计之初并没有考虑到现在移动图书馆的需求，因此要把这些系统接入到移动图书馆，实现起来是十分困难的。

在知识产权上，移动图书馆同样存在不明朗的地方。读者在移动设备上下载阅读的文章，在知识产权上是否会产生侵权行为。由于电子文档数量大，来源复杂，如何做到把这些大量的文档的知识产权完全明确，对于移动图书馆来说目前还没有规范和依据。

各种原因交织在一起，造成了移动图书馆艰难的探索之路。然而所有的困难都只是发展中的问题。根据德国出版业杂志《书业报道》2008年9月对840位来自世界各地的出版人进行的一项调查显示，80%的受访者认为数字化带来的是机会而不是危机，50%以上的人认为，到2018年数字化出版将超越传统的图书——就在前些年，还有很多人坚信，数字化产品的赢利不会超过传统书。2018年，那会是一个转折点——如果书籍都变成电子的，数字阅读、移动阅读将成为必然，移动图书馆才是图书馆的生存之道。

【分析点评】

3G时代的手机用户将彻底打开互联网的大门，推动我国的移动网络迎来新一波的发展浪潮，同时，也为图书馆的移动服务带来了新的发展机遇。将图书馆放进你的口袋，已不是天方夜谭。传统的图书馆业务主要是到馆服务，即读者到图书馆来借阅，近年来又出现了网上借阅。到馆服务和互联网服务成为前一阶段图书馆的主要服务方式，而手机图书馆是有别于前两者的第三种服务。这一服务模式的出现，将极大地改变目前读者的阅读状态，可以说是图书馆领域的一次飞跃。手机图书馆目前还面临版权、技术、内容等问题，然而可以预见的是，手机图书馆必将广泛应用，将会对传统出版产业、互联网、移动电子设备浅阅读等带来冲击，而最终使移动阅读成为阅读的主要形式。

【资料来源】

1. 刘炜. 移动图书馆拟成为信息中介. 中国教育网络，2011(4).
2. 朱雯晶，等. 图书馆手机客户端的探索实践. 数字图书馆，2011(5).
3. 连宇江. 智能手机技术在图书馆中的应用展望. 图书馆杂志，2007(6).

五、小图书馆，大服务——云计算在图书馆中的应用

云计算的概念最初由 Google 提出，随着业界对云计算概念的认可和拓展，云计算已经成为 IT 应用的一种全新理念和发展模式。

云计算可以分为狭义和广义的定义。狭义的云计算定义，是指 IT 基础设施的交付和使用模式，指通过网络以按需、易扩展的方式获得所需的资源（硬件、平台、软件）。提供资源的网络被称为"云"。"云"中的资源在使用者看来是可以无限扩展的，并且可以随时获取，按需使用，随时扩展，按使用付费。这种特性经常

被称为像水电一样使用 IT 基础设施。广义的云计算定义则是指服务的交付和使用模式，是通过网络以按需、易扩展的方式获得所需的服务。这种服务可以是 IT 和软件、互联网相关的，也可以是任意其他的服务。

在图书馆这个行业，云计算的具体应用就是利用云计算的核心思想，为读者提供图书馆云服务。读者通过使用图书馆提供的云服务能够更轻松简单地获取更多的资源。图书馆的云服务是一种服务资源，可以为更多、更大的用户群来服务。广大用户可以依托互联网的信息资源，特别是其中的存储资源、数据资源，为我所用，按需服务，即用即付，用完即散，用户不必关心服务者在什么地方，也不必关心硬件设施在哪里。

其实在没有出现云计算的概念时，图书馆的一些应用已经有了云计算的身影。例如，书目数据库或全文数据库商很多年前就以网络数据库取代了单机的光盘版。早期各个数据库都会在每个图书馆安装一个镜像给本馆读者试用，后来这些镜像数据库越来越多地被网络版所取代，实际上都是将图书馆接入了数据库供应商的云。

美国的 OCLC（联机计算机图书馆中心）推出的 WorldCat（联合编目库），其应用最初虽然没有打上什么云计算的标签，但也可以看作是云计算一个开端的例子。用户通过 WorldCat 查找从本馆到全世界的书目信息，获取馆藏信息，最终获得文献。用户使用单一界面获取的信息却是来自全世界的，通过网络联结在一起的资源服务支撑。这正符合云计算所提倡的，用户只需享受服务，而无需知道服务者在何处，也不必关心图书馆的硬件设施。

通过使用云计算技术，并且在云计算成为基础设施后，图书馆就可以将自己的软硬件全部"外包"给某一片"云"，像用电一样，按时付费。云计算的真正实施会给图书馆 IT 管理带来巨大的变化：第一不再需要购买多种服务器、大容量存储设备和建设自己庞大的机房系统。图书馆可按需使用云计算，按使用付费。第二也不需要那么多远离服务一线的 IT 维护人员，不再为留不住优秀的 IT 人员发愁。第三不受系统供应商的制约，可随时转移到服务与价格更好的系统。

对于国内图书馆来说，云计算、云服务正逐步走入图书馆的应用服务体系中。以高校图书馆为例，CALIS(中国高等教育文献保障体系)已经在其第三期建设中规划了数字图书馆的云战略。CALIS 数字图书馆云战略，即设计和开发 CALIS 数字图书馆云服务平台框架，该平台构建多级云服务中心，为高校用户提供各种类型的数字图书馆服务，同时为图书馆提供本地化的数字图书馆云计算解决方案。它以基础设施服务 IaaS 和基础平台服务 PaaS 为基础，包括以下四个方面的内容：面向图书馆的 CALIS 数字图书馆公共服务平台，用于构建 CALIS 云服务中心；面向图书馆的 CALIS 数字图书馆 SaaS 服务平台，用于为图书馆提供 SaaS 服务；面向图书馆的数字图书馆本地服务平台，包括本地应用基础平台和本地应用系统；面向图书馆的 CALIS 云联邦服务平台，以便将不同的图书馆本地服务、CALIS 公共服务以及第三方公共服务集成起来。

下图为 CALIS 中心级服务平台的服务内容和架构，由此可以窥见云计算在图书馆应用的一个初级范例。

同样的，公共图书馆数字资源服务和传统借阅服务都在向着云服务的方向发展。近年来，涌现出众多数字资源的云服务平台，如珠三角数字图书馆联盟、宁波数字图书馆。

2010 年 4 月 23 日，珠三角数字图书馆联盟在广州正式开通使用。珠三角数字图书馆联盟系统是我国公共、教育、科技系统图书馆建立的，首个跨系统文献资源共享平台。网站联合目录基

CALIS中心级云服务平台

门户层	中心门户	个性化门户（SaaS）	直通车	API

读者服务	**E搜**			**E问**	**E得**	SNS评价标签
	E读(SaaS)	CCC	联合目录 OPAC	联合问答	ILL中心	
	论文	特色库 / 名师 / 教参	古文献	代查代检	ILL调度	
	资源调度			定制推送	全文库	

馆员服务	联合编目	联合订购	古文献SaaS	参考咨询工具
支撑服务	统一注册	统一交换	统一认证	统一计费
数据管理	数据处理	数据管理	数据挖掘	数据保存

本覆盖广东三大系统主要图书馆的馆藏，并与联合参考咨询和文献传递网实现无缝链接。通过这个数字图书馆联盟系统，读者可"借阅"240万种图书、4 000万篇期刊论文、200万篇学位论文、30万篇会议论文的原文。更方便的是，读者还能通过联合目录搜索，清晰了解到某一句话出现在哪本书的哪一页；同时知道该文献收藏在哪个图书馆，通过馆际互借等网上图书馆形式，可以短时间内获取所需图书。

2012年4月，深圳建成并正式启动具有云计算色彩的"图书馆之城"统一服务平台。统一服务平台主要由统一的业务平台和统一的"图书馆之城"服务门户构成。业务平台提供通用的流通服务以及资源管理、联合参考咨询等功能，各成员馆可在该平台上完成所有的流通服务，可利用书目、馆藏上载功能实时或定期更新数据，也可利用采访和编目管理功能直接加工数据。"图书馆之城"门户网站可以方便读者检索所需文献资料，获取个性化、多样化的读者服务和文献信息服务，还可在由图书馆情报专家管理、全体读者参与的咨询平台上获得帮助。"图书馆之城"统一服务平台仿佛一朵覆盖全城的图书馆服务云，无论是在市馆还是区馆，甚至是街道图书馆，读者通过统一服务平台就可享受开放、统一、便捷的图书馆服务。

云计算提升了图书馆的服务内容、服务能力、服务范围。任何一个"小图书馆"的读者，通过图书馆云服务平台，获得的都是所有图书馆的大资源、大服务。

【分析点评】

云计算还是一个新生事物，不但在数字图书馆，就算在其他IT领域，云计算的概念、运作模式都是在摸索发展中，图书馆也是如此。现在很多服务商、系统商纷纷推出号称是基于云计算的数字图书馆系统。这些是真正的云计算还是一个过渡性产品，需要等将来才能做出定论。云服务也并不是一项绝对的服务，它只能应用于某些任务而不是全部的业务环节。对于图书馆界而言，需要重点关注的是清晰了解、充分掌握各种云计算和云服务的技术实质与应用价值，并将之有所选择地引入图书馆领域，进一步提升图书馆的服务能力。更为务实地讲，图书馆应用云服务，最终是要在服务方面体现并发挥其作用。

【资料来源】

1. 王文清，陈凌. CALIS 数字图书馆云服务平台模型. 大学图书馆学报，2009(4).

2. 王文清. CALIS 三期云服务平台系统架构.

3. http://dlib. gdlink. net. cn/.

4. 胡小菁，范并思. 云计算给图书馆管理带来的挑战. 大学图书馆学报，2009(4).

5. 刘炜. 图书馆需要一朵怎样的"云". 大学图书馆学报，2009(4).

6. 余胜英. 深圳市"图书馆之城"统一服务平台构建与实施. 图书馆学研究，2010(4).

第七章　未成年人服务

　　阅读，从娃娃抓起。儿童的阅读能力在一定程度上决定了一个国家或地区的未来。公共图书馆历来关注儿童成长，视少儿阅读推广为己任，未成年人服务优秀案例层出不穷。本章从创新服务模式、拓宽服务内容、延伸服务深度与广度等角度选取了首都图书馆"科普阅览服务体系"、重庆市少儿馆"爱心图书接力服务"、广州图书馆"由绘本爱上阅读"、纽约公共图书馆家庭作业辅导等案例；从关注劳务工子女角度选取了合肥市少儿馆创建民工子弟图书馆案例；从关注幼儿阅读、满足幼儿成长角度选取了香港中央图书馆之玩具图书馆、英国"阅读起跑线"计划两个案例；从社会人士热心推动推广儿童阅读角度选取了我国台湾高雄市立图书馆"故事妈妈"认证活动、温州少儿图书馆"毛毛虫上书房"阅读基地两个案例。这群充满爱心之人所做的一切，无异于为少儿阅读点燃了一盏盏明灯，为公共图书馆开展未成年人服务开创了新的视野。

一、科普加油站，一站一世界——首都图书馆"科普阅览服务体系"

　　一大群孩子正在参加空气炮、氦气变声、静电杯等体验活动，他们津津有味地玩着、思索着、体验着……乐此不疲，乍一看，你会觉得这是一堂生动的实验课，其实这里是首都图书馆，这里的工作人员把"索尼探梦体验活动"搬进了馆里，吸引了一大批孩子前来参加。

　　在北京及其周边地区，想要普及科普知识，体验科普知识的乐趣，除了到首都图书馆外，还可以到昌平区分中心探知海洋知识，到密云县分中心了解水资源保护，到通州区分中心参加以"运河文化"为主题的各项活动，或者到怀柔区分中心学习摄影、摄像、影视制作相关知识，也可以到房山区分中心参加天文活动，去平谷区分中心的生物科普园游玩，如果对"家乡生态环境保护"或"湿地生态保护"感兴趣，可以到门头沟区分中心或延庆县分中心看看。没错，这就是以首都图书馆为中心，远郊区县为分中心，因地制宜、根据少年儿童的阅读特点和需求确定建设的资源互补、各具特色的"少儿科普阅览服务体系"。

少儿科普阅览服务体系以首都图书馆为中心，以远郊区县分中心为结点，集平面阅读、立体阅读、互动阅读于一体。各中心在建设上形式多样，主题各异，不拘泥于同一模式，室内的情景布局、装饰装潢、服务区域分割，均融入较多的科普元素，以彰显科普阅读的魅力。如通州区分中心新增"生命的起源"大型科普写真壁画，在室内装置混沌水车、动量守恒等科普教具，引发少儿读者的众多思考和爱祖国、爱家乡、爱运河的情怀；延庆县少儿科普阅览分中心以湿地生态保护为主题，分"科普之旅"和"科普加油站"两个区域。"科普之旅"区域分为展览区、湿地仿生区、科普实验动手实践区以及视听网络区，室内装有 6 台视听设备和 6 台上网设备。"科普加油站"分为阅读区和图书摆放区，面积共计 360 平方米，藏书 2 万册，设有 20 个阅览坐席。

为了把科普知识生动地传播给广大少年儿童，除了开辟专门的少儿科普图书借阅专架、科普专题展板、推荐科普网站等外，少儿科普阅览服务体系充分挖掘活动资源，拓宽服务领域，组织开展各种丰富多彩的科普阅读活动。如各分中心定期举办科普图书展阅活动；视听区定期播放《美丽的大森林》、《狂野大自然》、《与恐龙同行》、《宇宙的奥秘》、《星际漫游》等科普教育宣传片；

举办各种类型的展览、知识竞赛等活动，在运行中综合利用读、看、听、写、画、玩、演、赛等多种活动形式，让少年儿童在生动的活动形式中学习科普知识。下图为少儿科普阅览服务体系各中心举办的各类型活动。

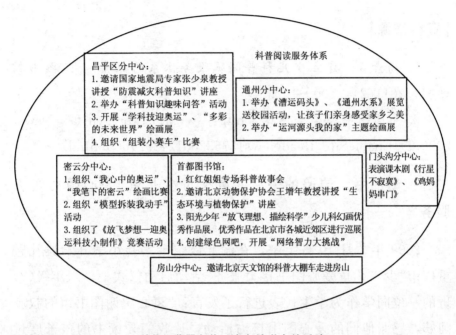

科普阅读服务体系内各馆举办的活动

【分析点评】

少儿科普阅览服务体系依据加德纳的多元教育理论和以学生发展为本位的理念而建立，以普及科普知识、倡导科学方式、弘扬科学精神为宗旨，在提供丰富的科普图书资源的基础上，运用多种形式引发孩子的阅读兴趣，培养孩子的阅读习惯，让他们走近科普阅读、参与阅读活动，进而提高综合能力和科学素质。集阅读科普知识、组织科普活动、开展科普实践于一体的少儿科普阅览服务体系，是一种能较好满足少年儿童学习、发展需求的实践体验。在图书馆界，以某一特定资源为主题，从总到分，形成资源互补、形式各异、各具特色、自成体系的运作模式，可以说是图书馆深化服务的一次新探索、新尝试。

【资料来源】

1. 杨素音. 建立少儿科普阅览服务体系的探索[J]. 图书馆学刊，2011(2)：100—102.．

2. 中国图书馆学会网站. http://www.lsc.org.cn/CN/News/2009-05/EnableSite_ReadNews1575320612429216000.html.

二、流动的书，传递的爱——重庆市少儿馆"爱心图书接力服务"

2009 年 2 月 10 日上午，在渝北区空港实验小学开学典礼暨重庆市"少年儿童爱心图书接力服务"活动启动仪式上，六年级（2）班的一位同学作为学生代表进行了发言："衷心感谢图书馆的叔叔阿姨，感谢他们的爱心图书接力活动，让我们爱读书的孩子度过一个无比愉快无比精彩的童年。请叔叔、阿姨、领导和老师们放心，我们一定会爱上读书，养成读书的好习惯。"孩子的话语，让人欣慰，也道出了重庆市"少年儿童爱心图书接力服务"活动秉承的精神："传递知识、传递爱心、传递希望"。

重庆市"少年儿童爱心图书接力服务"活动自 2008 年已连续开展 3 年，于 2010 年荣获文化部第十五届"群星奖"，并获得由中国图书馆学会阅读推广委员会主办的"青少年阅读活动案例征集暨阅读推广点子大赛评委会奖"。

该活动由重庆市少儿图书馆牵头，统筹制定图书筹集、分配与传递方案，参加接力传递的图书馆每馆提供 100～200 册图书，其余爱心图书由少儿馆及沙坪坝区图书馆、南岸区图书馆、九龙坡区图书馆、巴南区图书馆、渝中区图书馆、江北区图书馆、北碚区图书馆八大主城区图书馆提供，保证每次接力传递600～800册图书。2010年重庆市少儿图书馆增投5 100册，渝中区图书馆等爱心图书馆共捐赠2 913册，共增投8 000册爱心图书。

参加传递的19个图书馆按照区域相近原则进行分组并确定图书传递路线。共分4组，每组按线路顺序依次传递。

第一组：长寿区图书馆→江津区图书馆→渝北区图书馆→涪陵区图书馆→涪陵区少儿图书馆，共5个馆，组长馆为长寿区图书馆。

第二组：万州区图书馆→开县图书馆→云阳县图书馆→奉节县图书馆→巫山县图书馆→巫溪县图书馆，共6个馆，组长馆为万州区图书馆。

第三组：石柱县图书馆→忠县图书馆→丰都县图书馆→武隆县图书馆，共4个馆，组长馆为丰都县图书馆。

第四组：黔江区图书馆→彭水县图书馆→酉阳县图书馆→秀山县图书馆，共4个馆，组长馆为酉阳县图书馆。

各馆结合当地实际情况，吸取前两年各试点馆开展活动的经验，以学校为平台，以爱心图书接力服务活动为载体，积极开展丰富多彩的读书活动。如黔江区图书馆向服务学校——册山小学送书共计1 200册，借阅书籍8 000多册，每周五下午开辟一小时阅读时间，并在每一个图书外借班级选定一位小图书管理员对图书进行管理，在学校掀起了一场"多读书、爱读书、读好书"的看书热潮；涪陵区少儿图书馆更是推陈出新，借鉴全市爱心图书接力服务方式，在涪陵区特殊教育学校等四所特色小学内同时开展爱心图书接力服务活动，并在学校内开展争做"好书代言人"、集

体美文诵读表演、评选读书之星等活动;① 长寿区图书馆举办
"'1+6'携手读书——共创书香长寿阅读活动",通过教育 1 个孩
子,影响他(她)的 6 个长辈,让孩子去感染和带动全社会的人读
书学习。本次活动借阅量达 4 万多册,借阅人次约 2 万余人,极
大地调动了学生们的阅读积极性。该项活动获得"青少年阅读活动
案例征集暨阅读推广点子大赛优秀阅读案例奖"。

正是各组、各馆之间的协作,2010 年重庆全市累计投入新书
共 11 400 册,传递爱心图书 15 900 册,借阅量达 246 848 人次,
403 156 册次,活动扩展到全市 18 个区县的 19 个公共图书馆,使
近 25 万少年儿童受益。

【分析点评】

"少年儿童爱心图书接力服务"活动,在一个合适的半径区域
内,通过图书资源的流动实现资源共享,达到以小的投入赢得大
的社会效益的目的,有效缓解了三峡库区及少数民族地区图书馆
购书经费不足,特别是经济欠发达地区儿童"读书难"的问题。通
过文献的整合、流通与共享,加强了馆际交流与合作,创新了公
共图书馆服务方式,是文献资源共享的一项新举措和有益探索。

以流动实现共享,用爱心传递知识。创新的运作模式使图书
聚少成多,实现图书资源利用最大化;社会力量的积极参与,通
过城市带动乡镇、公共图书馆带动学校、学校带动学生、学生带
动父母、家庭带动全民,实现了打造学习型社会,构建覆盖城乡、
惠及全民的公共文化服务体系的目的,这正是"小流汇聚成海"的
真正意义。

---

① 携手并肩 继往开来——2010 年重庆市"少年儿童爱心图书接力服务"活动总
结[J]. 少图学苑,2011(1):53-54、57.

【资料来源】

    1. http：//www. nycr. org. cn/News_Show. aspx? id＝418.

    2. 重庆少儿图书馆网站 http：//www. cqst. org. cn/.

三、同在蓝天下——合肥市少儿馆民工子弟图书馆的创建

    2006 年 8 月 6 日上午，家在合肥的农民工子弟刘雪梅和她的小伙伴们在图书馆工作人员的带领下，乘坐专车来到市少儿图书馆中心馆学电脑、听讲座、参观图书馆，在这里度过了一个快乐而又充实的上午。

    这个关爱农民工子弟的图书馆就是合肥市少儿图书馆。一直以来，外来务工人员子女的成长问题牵动着社会各界的心，怎样才能让民工子女也像城里的孩子一样有课外书读呢？2006 年 6 月 21 日，合肥市委宣传部、合肥市文明办、合肥市文化局牵头，合肥市少儿图书馆与三里街街道办事处联合建立的少儿图书馆民工子弟分馆正式揭牌对外开放，这是安徽省首个专为民工子女创办的图书馆，也是合肥市委、市政府关注民工子弟成长和教育，构建和谐社会的一项具体措施。此分馆一经创办，就受到了社会各界的广泛关注，《人民日报》、《中国文化报》、《中国教育报》等国内十多家重要媒体头版配图配文予以报道。文化部也多次关注，并在提交国务院办公厅的"文化服务农民工"的专题信息中介绍了这个项目。[①]

    这所民工子弟图书馆位于合肥市凤阳路一村社居委小区内，分馆的场地和人员由三里街街道凤阳路一村社居委提供，有专门人员对该分馆进行管理并开展日常借阅工作，图书和电子文献由

---

    ① 陆其美. 合肥市少儿图书馆开展延伸服务的实践与思考[J]. 图书与情报，2011(2)：81－83.

合肥市少儿图书馆提供。少儿馆同时负责分馆的业务辅导、图书流通工作，并定期把新书、好书送到分馆来。阅览室的书架上整整齐齐地摆满了《哈利·波特》、《淘气包马小跳》等 2 000 多册崭新的图书。自民工子弟分馆开馆仅 1 个月，就接待读者达 2 000 人次。

在这里，孩子们可以免费领取图书证并借阅图书，分馆还开展了新书预约服务，孩子们在预约本上写下自己想看的图书和联系电话，工作人员会尽快采购，电话通知预约者借阅。

暑期到来的时候，很多民工子弟都来到图书馆，看喜欢的书、看动画片、做暑假作业，有的还报名担当"义务小图书馆员"来帮助管理图书，让孩子的父母安心又放心。面对孩子们的读书热情，市少儿图书馆和三里街街道也积极做好民工子弟图书馆的服务工作，将图书馆的开放时间延长至每周六天。

考虑到民工子弟在城市中与外界的接触较少，市少儿图书馆结合自己的资源，邀请民工子弟来到本部，组织他们参加难忘的"图书馆之旅"活动：首先到图书馆电子阅览室，在工作人员的指导下上机操作，练习电脑操作和浏览该馆网站；随后到三楼报告厅，听取假期专题讲座《计算机硬件一点通》。这场专门讲解计算机硬件组成的讲座吸引了孩子们的极大兴趣，大家纷纷要求上台动手实践。讲座结束后，孩子们又在图书馆工作人员的带领下，兴致勃勃地参观了合肥市少儿图书馆，了解图书馆的布局、功能、资源分布情况。三里街街道办事处的工作人员表示：孩子们平时学习电脑使用网络的机会很少，能在市少儿图书馆的帮助下学习电脑知识，对于帮助孩子们全面成长有很大益处，希望今后能多举办类似的活动，让他们能和城里孩子一样，融入这快速发展的科技时代。①

---

① http://www. hefei. gov. cn/n1070/n304559/n310411/n311626/876969. html.

【分析点评】

国际图联制定的公共图书馆标准指出：所有公共图书馆都应尽可能地为弱势群体，无论是成年人还是儿童提供便利。关注特殊群体的特征，研究特殊群体的心理，了解特殊群体的知识信息需求，为不同层次、不同年龄的特殊群体提供平等服务，是公共图书馆肩负的神圣使命和职责。

合肥少儿图书馆民工子弟分馆的建立，正是这种使命感和责任感的具体实践。"幼吾幼以及人之幼"，将公共图书馆的服务覆盖面延及这些外来务工人员的孩子，不仅有利于帮助他们拓展知识，而且有助于这些孩子们尽快融入城市生活，融入快速发展的时代，同在一片蓝天下，伴着浓浓书香茁壮成长。

【资料来源】

合肥少儿图书馆网站 http://www.hfslib.com/.

四、用心创意、用手创造——广州图书馆"由绘本爱上阅读"

当你走进广州图书馆少儿区，点击放置在入口左手边的手触屏电脑的电子书架，各式各样的以"亚运会"为主题的绘本就会映入你的眼帘。仔细观看，你会发现这些绘本无论是书的大小、封面的材质、文字的排版都不同于一般的绘本。它们形态万千、内容丰富，有心形书、长卷书、魔法书、蒙古包书、仿古线装书，甚至有你意想不到的，牛仔裤都做成了绘本书籍。这些形式多样的绘本书，都是广州小朋友的 DIY 作品，天马行空的想象力让前来参观的人赞叹不已。这正是第四届"在阅读中成长——广州市青少年十年阅读系列活动"之"青少年绘本制作大赛"活动获奖的作品。工作人员考虑到自制绘本保存的问题，将获奖作品以数字化的绘本电子书方式向读者展示。

这项活动缘起于 2009 年，广州图书馆承担了该市哲学社会科学规划课题"由绘本爱上阅读——公共图书馆少年儿童阅读推广实践研究"。该课题以绘本书阅读推广作为研究切入点，力图通过教育实验、案例分析、问卷调查、举办大型主题活动验证等方法，从零开始，研制出一套集"亲子读书会"精品案例、绘本制作、网站宣传、培训教程、志愿者、原创绘本数字化等手法于一体的全方位立体式的绘本阅读推广模式。

在理论研究的基础上，广州图书馆充分发挥自身优势，因地制宜，结合研究课题，针对各个年龄阶段儿童的不同身心特点，长期举办"爱绘本，爱阅读"亲子读书会系列活动。活动在每周六晚上定期举办，每期邀请不同的"故事妈妈"与提前报名参与的亲子家庭共同分享绘本故事的乐趣。活动结合当期主题，开展富有创意的阅读延伸活动，如舞台情景剧表演，"我是小小图书管理员"，让孩子动手制作绘本书等。"故事妈妈"在讲述绘本故事的过程中，注重情感培养及交流沟通，赋予绘本新的生命与意义，引导孩子培养生活的能力和健康向上的情感。通过提问与讨论的方式，了解孩子的想法，也让孩子在活动过程中有机会了解及分享他人的想法，大家共同进步。"爱绘本，爱阅读"亲子读书会系列活动不仅使少年儿童爱上绘本，与阅读结下不解之缘，而且为亲子交流搭建了一个平台。家长通过这样的沟通方式与孩子更亲近，亲子关系更加融洽。

在取得阶段性成果的基础上，2010 年，由广州市精神文明建设委员会办公室、广州市文化广电新闻出版局、广州市关心下一代工作委员会、共青团广州市委员会主办，广州图书馆承办的第四届"在阅读中成长——广州市青少年十年阅读系列活动"之"激情亚运，创意广州"青少年绘本制作大赛顺利组织举行，发动广大青少年亲自动手设计与制作绘本作品，鼓励青少年深度阅读、多元思考、发挥创意。"让阅读动起来"的新颖比赛形式，吸引了全市众多青少年参加。活动共收到参赛作品 1 000 余件。作品形式多样，内容丰富，制作精巧，题材丰富，有棉布书、翻翻书、手提袋书、屏风书、毛毛虫书等多种造型，内容涉及广州亚运、广州美食、文明广州等诸多融入广州元素、体现广州地域特色文化的作品，充分反映了广州市青少年的无限创意能力、想象力和动手能力。大赛评委用"惊奇、惊叹、惊喜"等词评价参赛作品。主办方按亲子家庭组(3～5 岁)、低年级组(6～8 岁)、中年级组(9～12 岁)、高年级组(13～16 岁)四个组别进行评奖，共评出一等奖 10 名、二等奖 20 名、三等奖 30 名、优秀奖 80 名。获奖及部分优秀作品除在 10 月 25 日至 31 日在广州图书馆二楼展廊展出外，同时被广州图书馆收藏并颁发收藏证书。新华社、广东电视台、南方电视台、广州电视台等多家媒体十分关注活动的开展并进行了跟踪报道。中国广东新闻网、网易、凤凰网等多家媒体也进行了活动的相关报道。本活动获"青少年阅读活动案例征集暨阅读推广点子大赛最佳策划奖"。①

【分析点评】

自 20 世纪 90 年代末，公共图书馆开始关注和探索绘本阅读推广，但并未形成一套成熟的理论和推广模式。广州图书馆"由绘本爱上阅读——公共图书馆少年儿童阅读推广实践研究"课题的研究，不但填补了广州地区公共图书馆推广少儿阅读实践研究的空白，而且经过数年的实践形成了绘本故事会、绘本制作坊、绘本

① 招建平. 亲近绘本 亲近阅读——公共图书馆绘本阅读推广工作初探[J]. 图书馆学刊，2011(2)：94—97.

制作比赛、绘本阅读讲座、绘本阅读课题研究等一系列理论与实践成果，建立了一个与我国国情相结合的基本理论架构和实践推广模式。绘本阅读已成为广州图书馆促进少儿阅读的一项重要理念创新和方法创新。

【资料来源】

1. 广州图书馆网站 http://www.gzlib.gov.cn/.

2. http://www.gzdcn.org.cn/2010/1102/34282.html.

3. 吴翠红. 由绘本爱上阅读——广州图书馆绘本阅读推广实践研究综述[J]. 图书馆杂志，2011(9)：105－109.

五、玩出来的"悦读"——香港中央图书馆之玩具图书馆

图书馆不只是看书的地方，还可以成为游乐场。在这里孩子们可随意玩耍、做游戏、乱跑乱跳、大声说笑，小朋友尽可"玩乐本色"回归自我。大家可能要问了，这个可玩可闹的图书馆在哪里呢？感兴趣的朋友不妨到香港中央图书馆的二楼去体验一下这个集知识性、趣味性和娱乐性为一体的"奇特"的阅览室——玩具图书馆。

玩具图书馆是首间在香港公共图书馆体系内设立的社区玩具图书馆，约有1 000件富有教育意义及可启发智能的玩具和多媒体教材，供0～8岁儿童和家长一同使用。香港中央图书馆高级馆长说："全部玩具都符合安全标准，能促进儿童器官、语言、概念及社交技巧等各方面发展。"图书馆会举办游戏活动和工作坊，借以倡导游戏的意义和价值，以及培养亲子关系；此外，玩具图书馆设有资源中心，为家长及儿童工作者提供玩具及与游戏有关的理论、概念、实践方法和技巧方面的参考。

玩具馆内的设计以色彩缤纷的大自然为背景，根据少儿不同

年龄段的发展需要和游戏模式设计了 4 个主题游戏区域：婴孩游戏区、模仿及想象游戏区、创意游戏区、智慧游戏区。馆内约1 000件启发儿童发展的玩具，分为十类：棋类游戏、卡牌游戏、电脑型玩具、技巧游戏、砌图游戏、建筑游戏、创意游戏、音乐游戏、体能游戏、扮演游戏，训练儿童基本的身体及手指运用、概念形成、语言及社交技巧及创意。① 该区域加装双层玻璃和大网格带隔离，进入需脱鞋，家长可以进入互动，也可以隔网监护或者独自看书休闲。小朋友进入玩具图书馆后，可以凭玩具名称、编号、品牌或年龄，在电脑目录内寻找适合的玩具，电脑还会显示玩具的图片供参考。

　　为了提高接待质量，玩具图书馆区域是香港中央图书馆为数不多的限制进入人数、分段开放的区域，需提前一周预约致电，或亲自上门预约登记，且每人每月只可预约一次。读者按预约时间到馆活动，活动定时 45 分钟，每批大约 20 个家庭 40 人左右。每天的玩具都经过消毒，以保证小朋友们安全使用，深受广大读者的欢迎。在这里，还可以查阅到有关儿童游戏行为、理论、实践方法与技巧，以及关于玩具的课题等参考资料，供家长和儿童工作者查阅研究。正是由于图书馆独特的经营，吸引大批家长和幼儿到玩具图书馆来。

　　追溯玩具图书馆的历史，还要从 1967 年英国的第一家玩具图书馆说起。它的创办者是一位名叫杰尔·诺瑞斯的女教师。她有两个发育不全的儿子，通过实践她发现利用玩具进行游戏，对残疾儿童的体力和智力的发展有极其重要的作用。于是她邀集了一些有病残孩子的家庭，将各家的玩具集中起来交换使用，后来大家又凑钱买了一些新玩具。这样，第一所玩具图书馆诞生了。后

---

① 李丽珊. 香港中央图书馆的特色及其对我馆的启示[J]. 图书馆论坛，2005(2)：191－192.

来美国、加拿大、澳大利亚、荷兰、挪威等国家都建起了玩具图书馆。1987 年在英国伦敦召开了国际玩具图书馆会议，有 20 个国家参加，并成立了国际玩具图书馆协会。1987 年，中国玩具协会和中国科技会议中心以观察员的身份，组团参加了在加拿大多伦多举办的国际玩具图书馆协会的第四次年会，有 40 个国家和地区参加。据会议当时统计，在英国、加拿大、日本、瑞士、意大利、澳大利亚已建立 3 000 多个玩具图书馆，英国最多，有 2 000 多个。① 目前，我国香港、台湾地区的玩具图书馆建设较为成熟，而一些经济发达地区如北京、浙江、广东等地也都陆续建立玩具图书馆，如深圳市盐田区少年儿童玩具图书馆、东莞图书馆的玩具图书室等，主要为 8 岁以下儿童服务及提供亲子娱乐活动，为玩具爱好者提供玩具欣赏、研究，为玩具商提供玩具展示等服务。

【分析点评】

玩具和游戏是孩子们成长中不可缺少的伙伴。一般而言，人们通常认为图书馆是个读书、学习的地方，不是玩的地方，而为儿童开设的图书馆，恐怕还少不了玩具和游戏。玩具亦具有教育性，不仅能满足儿童特殊的心理需求，还可以增长知识，增强语言能力和交往能力，锻炼孩子的精细动作及大幅度动作的协调能力，促进儿童发育，并有助于培养孩子的情感和勇于探索、冒险的精神。在孩子成长过程中，玩出来的"阅读"比纯粹性的阅读更生动，更易被接受，更能激发孩子的学习兴趣。为此，公共图书馆应该尽力营造寓读于乐、快乐阅读的良好环境。

---

① 既玩了，又学了——谈玩具图书馆[J]. 百科知识，2003(5)：58.

【资料来源】

1. 吴庆珍. 谈香港中央图书馆的建筑设计及其空间布局[J]. 图书馆研究与工作，2010(2)：15－17.

2. 香港公共图书馆网站 http://www.hkpl.gov.hk/cindex.html.

六、播撒知识种子的"花婆婆"——台湾高雄市立图书馆"故事妈妈"认证活动

在台湾地区，"故事妈妈"有一个美丽的称呼——"花婆婆"，如此美好的名称，还要从美国童话作家芭芭拉·库尼创作的那个美丽的故事《花婆婆》说起……

从前，有一个名叫艾丽丝的女孩，在海边的一座小房子里生活。她很希望做一件让世界变得更美丽的事，可是这世界已经够美了，做什么好呢？她面对大海，不断地想着这个问题……冬去春又来，她爬上山顶，发现那里开满了一大片蓝色、紫色和粉红色的鲁冰花。于是她买来了一大包鲁冰花的种子，一路走一路撒，撒在了公路和乡间的小路边，撒在了教堂后面，撒在了空地和高墙下面。邻居小朋友常常跟在她后面，叫她"怪婆婆"。第二年春天，整个小镇的教堂边、教室边、小路旁，都开满了美丽的鲁冰花。大家这才知道，原来她在播撒花的种子。从此以后，大家就叫她"花婆婆"。她现在已经非常老了，头发也白了，可她还是在不停地种花，每年都开出更多更美丽的鲁冰花，她做了一件让世界变得更美丽的事情！①

听了这个故事，大家就知道为什么在台湾地区"故事妈妈"被称为"花婆婆"了，因为她们如"花婆婆"一般撒播幸福和知识的种子，

---

① http://maoqiuqinhuangdao.blog.163.com/blog/static/51221290200801182610894/.

让这个世界变得更美丽。她们在台湾地区有近 20 年的历史，从台北到台南，从台东到高雄，每个角落都留下了"故事妈妈"的足迹。

高雄市立图书馆于 2001 年起，结合各公益团体组成"高雄市故事妈妈"义工队，为儿童讲故事，以培养儿童对阅读的兴趣。2005 年首创"故事妈妈认证"，制订了《高雄市故事妈妈认证培训计划》，印制了《高雄市故事妈妈认证培训进阶班研习手册》，对故事妈妈进行系统培训。只有拿到认证的故事妈妈，才有机会搭上行动列车到学校、社区去讲故事，目前已有 700 位故事妈妈参加认证的培训课程。

《高雄市故事妈妈认证培训计划》鼓励市民踊跃加入到故事妈妈的行列，通过培养有意愿讲故事的义工，以故事为桥梁，通过故事说演方式，主动到校园、小区、医院等地方，引领孩子感受故事的魔力并爱上阅读；同时，希望能够汇聚故事妈妈的服务能量，整合高雄地区故事妈妈资源，搭建讲故事的人力平台，为城市的阅读注入活水，以推动城市阅读风气；并期以故事为礼物，培养儿童主动阅读的兴趣与习惯。

凡是有爱心、热心，对讲故事（戏剧说演）与阅读活动有兴趣，能全程参与学习，并愿意长期从事讲故事的服务者均可报名参与课程学习和培训。其中每期初阶招收 150 人，进阶 70 人，报名参加初阶者须提供故事妈妈认证课程初阶申请表；报名进阶者须提供故事妈妈认证课程进阶申请表，并附上 18 小时以上讲故事专业课程进修等相关研习证明文件。

初阶和进阶在课程上有些不同。初阶课程基础课程包括讲故事技巧、声音肢体运用、故事与讨论、团体实习、团体动力及小区服务等相关课程，通过讲授《探索绘本的世界》提供多元的故事素材，带领学员认识绘本故事的魅力；《绘本里的图文》，能够让学员进一步了解绘本中图像、文字与阅读的关系；开设《故事人的素养》，告知学员如何打动孩子营造美好的阅读氛围；通过《肢体FUN 轻松》课程，将平面故事生动化，使学员学会运用肢体、声音、表情、道具，为孩子讲述生动、好听的故事；最后是资深故事示范分享，带领学员实习。进阶课程包括绘本分析、故事说演与讨论、活动规划、讲故事场域经营等相关课程。《绘本阅读和赏析》对主题绘本进行深度赏析，从不同阅读角度，领略儿童文学的运用概念；《阅读桥梁书》和《桥梁书的认识与运用》两门课程，通过选择适当读物，以培养儿童建立良好阅读习惯，进而深度阅读；通过《故事剧场》和《肢体雕塑》，了解如何透过声音语调技巧转换将讲故事演化为戏剧方式呈现；最后《故事擂台会》课程，通过分组讨论，分享成果。在完成相应课程后，无论初阶和进阶均进入实习阶段，学员须在一定日期内前往图书馆所提供的分馆或本市机关、学校、民间团体、小区等进行讲故事，至少完成 15 场次活动，完成后出具"个人实习登录表"、"个人实习成果表"，经图书馆审查验证合格后，初阶发放"初阶结业证书"，进阶发放"高雄市故事妈妈进阶证书"暨"高雄市故事妈妈认证手册"，供记录各场次讲故事服务以申请认证奖励。①

【分析点评】

　　"阅读在民间！"公共图书馆推广少儿阅读义不容辞，但仅仅依靠图书馆是远远不够的。以图书馆为主导，依靠社会各界力量，整合社会各类资源，培养阅读推广志愿者，共同推进社会阅读，在这方面台湾地区的"故事妈妈"认证活动为我们提供了宝贵的经验。故事妈妈已走过 20 年历程，她们牺牲自己的时间，为少儿带

---

① http://blog.sina.com.cn/s/blog_5d7803510100fa2o.html.

来爱心、温暖与知识。

从"故事妈妈培训计划"可以看出，整个培训的长期性、延续性、整体规划性都很强。在图书馆的带动下，故事妈妈逐渐规范化、正规化，有量更有质，形成了重要的社会力量。

【资料来源】

1. 曹桂平. 关于台湾地区阅读推广活动的思考[J]. 图书馆建设，2010(3)：78—82.

2. 陈书梅. 从台湾阅读推广活动之现况谈公共图书馆之阅读指导服务[J]. 图书馆建设，2006(5)：78—81.

七、阅读，从娃娃抓起——英国"阅读起跑线"计划

"阅读起跑线"计划最初于 1992 年由英国图书信托基金会（Booktrust）、伯明翰图书馆服务部（Birmingham Library Services）、基层医护服务信托基金会（Primary Care Trust）联合发起。"阅读起跑线"计划是世界上第一个专为学龄前儿童提供阅读指导服务的全球性计划，目前，已成为一个由政府及私人机构赞助，由文化艺术、教育和健康三大公共服务机构负责活动开展工作，并由一家慈善机构负责日常管理的大型计划。参加该计划的国家包括：英国（发起国）、日本、韩国、泰国、澳大利亚、美国、智利、意大利、墨西哥、波兰、南非和印度等。

"阅读起跑线"计划免费为每个儿童提供市值 60 英镑的图书包。图书包分三种类型："阅读起跑线"婴儿包（0～12 月婴儿）、"阅读起跑线"高级包（1.5～2.5 岁的幼儿）、"阅读起跑线"百宝箱（3～4 岁儿童）。这些资料分装在不同款式的帆布包里，根据儿童成长的实际需要，分年龄段以不同的方式分发。书包的形式、内容、获取方式详见附表。除了"阅读起跑线"书包外，图书馆还开

展各种亲子互动的阅读活动，如蹒跚起步来看书活动（Bookstart Book Crawl）、儿歌时间（Bookstart Rhymetimes），帮助家长掌握培养孩子养成良好的阅读习惯的方法和技巧，鼓励家长与他们的幼儿一起分享图书、故事和儿歌，鼓励人们到附近的图书馆借阅书籍，利用图书馆的资源。

"阅读起跑线"计划书包内容及特征

书包名称	适用年龄段	形式	书包内容	获取方式及特点
"阅读起跑线"婴儿包	0～12个月的婴儿	印有"阅读起跑线"计划标志的帆布挎包	2本硬皮书、1本介绍与幼儿分享故事的方法和建议的小册子——《婴儿爱阅读》、1个推荐书目——《欢迎参加"阅读起跑线"计划》、1本童谣书	由健康访视员在幼儿出生后的第8个月进行规定检查时带给幼儿的父母
"阅读起跑线"高级包	1.5～2.5岁的幼儿	彩色尼龙包，上面印有"阅读起跑线"计划的小熊标志	2本图书、1个涂鸦板、各种彩色蜡笔、1本识数小册子、1本为初学走路的孩子准备的推荐书目、1套藏书标签（鼓励孩子建立自己的藏书）、1本关于如何培养孩子的听说能力的小册子	孩子和家长可以在进行规定的健康检查时向健康访视员索取高级包

书包名称	适用年龄段	形式	书包内容	获取方式及特点
"阅读起跑线"百宝箱	3～4岁的儿童	印有"最高机密"字样的彩色小塑料箱	1个A4彩色塑料文件袋、2本图书、1本关于儿童教育的书、1本介绍如何获取特定主题图书的小册子、1套藏书标签、1盒彩色蜡笔和1个卷笔刀	孩子和家长可以在托儿所、图书馆等地方，凭儿童的健康记录本获取百宝箱
触摸图书包	0～4岁的全盲和视弱儿童		1本指导家长如何与视障儿童分享图书的小册子——《和孩子分享图书》、1个新书推荐书单——《欢迎参加"阅读起跑线"计划》、1本指导视障儿童进行阅读的小册子——《阅读的方法》、2本专为视障儿童选取的特制图书（其中一本是用布莱叶盲文印制的）	一般由图书信托基金会直接邮寄给"阅读起跑线"计划的合作机构、地方教育局的视障儿童教师、健康访视员或视障儿童的家长。当触摸图书包邮寄给视障儿童的家庭后，当地的"阅读起跑线"计划的工作人员将会上门拜访这些家庭，并引导他们到图书馆借阅更多图书

　　"阅读起跑线"计划以"加盟"的模式吸纳更多的地区和国家来参与，以致力于在世界各国进行推广。该计划惠及的儿童及其家庭平均每年增加210万。凡参与该计划的机构，在开展活动时都必须采用统一的模式，并保证该计划能够惠及每一个符合条件的儿童。

　　"阅读起跑线"计划会与每一个参与机构签订合约。该合约明确规定了双方的权利和义务，权责分明，使各参与机构在开展具体活动时有法可依、有章可循。"阅读起跑线"计划工作组每年定期进行全国性的调研，总结活动经验、成效及存在的问题等，并在每年的 6 月或 7 月将年度调研报告提供给所有的计划参与者，从而指导具体工作的开展。①

　　类似于"阅读起跑线"计划，2011 年世界读书日期间，我国的苏州图书馆推出了"悦读宝贝"计划。这是一项亲子阅读推广活动，以鼓励家长与孩子一起分享阅读的快乐，以培养儿童早期的阅读兴趣和能力为目标。该活动向 0～3 岁婴幼儿的家长赠送"阅读大礼包"，包括一本婴幼儿读物、一本《亲子阅读》指导书、阅读测量尺、宣传册页以及苏州图书馆少儿读者借阅卡等，并开展多项读书活动，如亲子阅读讲座、家长沙龙、"故事妈妈"培训、儿童心理健康咨询、推荐亲子阅读书目等。首批 1 000 份阅读大礼包于 6 月 18 日起向持有本市(不包括五县市)户口的 0～3 岁婴幼儿发放。

【分析点评】

　　"阅读起跑线"计划是一个全球性的计划，其完善的体制和指导服务能够帮助世界各地的参加机构顺利开展活动，同时也提供了一个国际交流的机会。该计划在加强学前教育，提高儿童素质，增进亲子交流，帮助贫困儿童，缩小阅读差距等方面具有重要意义。

　　"阅读，从娃娃抓起!"关爱与引导幼儿阅读，培养良好的阅读习惯，不仅可为其自身发展打下良好的基础，更将对促进社会发

---

　　① 陈永娴. 阅读，从娃娃抓起——英国"阅读起跑线"(Bookstart)计划[J]. 图书馆理论与实践，2008(1)：101－104.

展产生积极影响。关注婴幼儿启蒙阅读，如同为花苗提供充足的阳光、滋润的雨水；相信在园丁的辛勤灌溉下，沐浴在爱的春风里，她们一定会长成最绚丽的那一朵。

【资料来源】

1. 陈永娴. 阅读，从娃娃抓起——英国"阅读起跑线"（Bookstart)计划[J]. 图书馆理论与实践，2008(1)：101—104.

2. http://www.szlib.com/babyread/description.html.

八、图书馆，课堂外的好帮手——纽约公共图书馆家庭作业辅导服务

随着网络技术的不断发展，美国的图书馆服务正以网络的形式深入家庭，支持学生课后作业。2005 年 12 月，纽约市三大图书馆包括纽约市公立图书馆、布鲁克林公立图书馆和一级皇后区公立图书馆正式启用学生作业辅导系统，可以辅导幼儿园到 12 年级的学生做功课。这项系统由纽约市教育局和三大图书馆共同合作。

纽约公共图书馆家庭作业辅导系统的宗旨是让学生从中获取更多有益的知识，主要提供三种辅导服务，包括馆员咨询服务、电话辅导老师及在线辅导服务。该系统提供分学科的主题式浏览，链接与课业有关的图书馆电子资源，包括语文、科学、人物、历史、音乐与艺术、宗教、健康等科目。该项服务外包给 Answer.com 公司，学科目录为二级目录，二级目录下的内容包括：字典、相关专业词汇、相关网站链接、馆藏相关书籍等；另外提供适合课业参考的网站资源链接。学生放学后，在家也能免费上网查数据、做功课，寻求在线帮助。

在美国，除了纽约市公共图书馆开展家庭作业辅导服务外，

其他各大城市公共图书馆均开展了网上在线家庭作业帮助，如洛杉矶公共图书馆就从每天下午 3 点到 10 点，提供一对一在线课业协助，辅导对象从幼儿园到 12 年级；提供与课业相关的图书馆数据及适合课业参考的网站资源；布鲁克林公共图书馆在线辅导服务从每天下午 3 点到 9 点，每次 20 分钟，提供一对一的在线课业帮助，辅导内容包括英语、科学、数学、社会等科目。①

家庭作业辅导服务作为公共图书馆支持教育的一个重要途径，已在美国等国家的公共图书馆普遍开展起来。如果追溯美国家庭作业辅导的发展历史，还要从 20 世纪 80 年代说起。那个时候美国图书馆界就意识到开展家庭作业辅导服务的必要性。1983 年，位于美国佐治亚州德凯特市的迪卡布图书馆系统因为其创新性的家庭作业计划得到电视和报纸的报道。1984 年，芝加哥公共图书馆设立家庭作业辅导中心。随着网络技术的不断发展，21 世纪初以来，网上实时的作业辅导服务为图书馆吸引了更多的服务对象，家庭作业辅导效益显著，已经成为美国公共图书馆不可或缺的基本功能。

目前，美国公共图书馆家庭作业辅导主要有以下几种形式：(1)用学科目录知识点或相关链接；(2)志愿者提供辅导；(3)图书馆员实施辅导；(4)专业人员在线实时辅导。如果提及网上作业帮助服务，就不得不提及成立于 1998 年的 Tutor.com 公司。该公司于 2001 年将目标市场投向图书馆，其产品 LHH(实时家庭作业帮助)的服务对象现已超过 1 600 家公共图书馆，专业人员在线实时辅导服务自 2001 年以来在美国公共图书馆界迅速发展。各公共图书馆多以联盟为单位与该公司签订合同。签约图书馆的读者可以利用计算机和因特网免费与专家交流，获得涉及所有核心科目

① 颜运梅. 美国公共图书馆网上家庭作业帮助之探讨[J]. 新世纪图书馆，2011 (5)：91—93、64.

的家庭作业辅导帮助。Tutor.com 为各个图书馆提供的服务时间大多为下午至夜晚，辅导对象为 4～12 年级，每次辅导时间不超过 15 或 20 分钟，具体细节由合同决定。其辅导老师包括合格的教师、值得信赖的高校大学生或研究生以及大学教授。师生间交互的方式有聊天、共同浏览网页等。老师并不是直接给出简单的答案，而是帮助学生分析问题、解决问题，图书馆采用该种方式所提供的辅导专业性较强，管理方便。[①]

【分析点评】

美国公共图书馆在儿童课后完成作业、减轻儿童课业压力及阅读服务中扮演着重要的角色。为什么美国的图书馆家庭作业辅导服务做得如此有声有色呢？一方面与美国图书馆创新的服务理念分不开；另一方面，与美国学校教育情况密不可分。美国中小学放学时间一般在下午 3 点半，学校布置给学生的家庭作业并不是简单的抄抄算算，而是需要借助图书馆去完成的一些带有探索性的小课题，而且在家长上班期间，乐于让孩子去图书馆度过课余时间。而公共图书馆也应该具有社会教育职能，以馆藏为依托、以网络为平台的课业辅导就是一个有益的探索。

【资料来源】

1. http://www.tutor.com/.
2. http://www.nypl.org/.

---

① 史拓. 公共图书馆家庭作业辅导服务研究[J]. 图书馆建设，2008(8)：67—69.

九、破茧成蝶，阅读让童年飞翔——温州少儿图书馆"毛毛虫上书房"阅读基地

"2008 年 2 月 10 日是值得纪念的一天，我希望能够在接下来的每一年都能继续纪念，因为我们三人凭着对信仰的向往，对灵魂的忠诚开设了'毛毛虫上书房'博客。这是一个为孩子服务的博客，我们的信仰就是让孩子能在阅读当中如毛毛虫般蜕变成美丽的蝴蝶，这种蜕变将在灵魂深处达到一种神秘的永恒。而这种永恒之所以神秘是因为每一个孩子的世界都是别样的，五彩纷呈，给人以探险的乐趣。"——这是温州少儿馆的工作人员所写的"毛毛虫上书房"博客开篇博文。

"毛毛虫上书房"亲子阅读博客（http://blog.sina.com.cn/mmcssf）是一个专门为孩子服务的博客。"破茧而出——阅读导向"、"遇上好书——好书推荐"、"举行大餐——活动安排"、"回味无穷——活动后感"、"小毛虫的家——学生作品"等栏目，为小朋友、为蝶爸蝶妈提供了良好的信息沟通平台。截至 2012 年 4 月 24 日，该博客点击量为 58 881 次，已发表博文 486 篇。

"毛毛虫上书房"有效的信息发布与沟通平台除博客外，还有 QQ 群，目前已有"我们的 QQ 群"8 个、"蝶爸蝶妈群"1 个。少儿馆通过 QQ 群告知每周末开放的"悦读阅美"读书沙龙信息，家长们通过 QQ 群进行咨询，提出建议，为孩子报名，并在固定时间来少儿图书馆听故事。

为了更好地宣传"毛毛虫上书房"，少儿馆工作人员在温州市宝宝论坛发布消息，欢迎孩子们来听故事，欢迎家长们来参与阅读沙龙活动。很快，根据社会的初步反应，组织亲子阅读的故事班先后开张，并迅速从最初的三个班级，发展到现在的一个中班、一个大班、一个中大班、两个一年级班、三个二年级班、一个三

年级班、一个五年级班。班级的分设主要根据孩子的不同年龄段，幼儿与小学低段孩子以图画书阅读为主，小学中高段孩子以儿童诗和小说为主，每个班 10～15 人。

2010 年，"毛毛虫上书房"开展"蝴蝶妈妈计划"，为广大热爱儿童阅读推广的志愿者进行基本的儿童文学理论知识培训，使其掌握简单的阅读技巧，从而充分挖掘家长的潜力，让有兴趣、有能力的家长加入到志愿者队伍中。目前，已有越来越多的家长和热心人士加入到公益阅读推广事业中来，他们中有图书馆的馆员，有幼儿园、小学、中学、大学的老师，因为工作时间关系，其中有些是固定授课成员，有些客串和孩子们分享故事，但所有人都怀抱着一颗诚挚的心，唯愿能为孩子成长的道路增添一缕书香、一份快乐。[1]

"毛毛虫上书房"这个由温州少儿图书馆成立的纯公益阅读平台在社会各界人士的热情参与和支持下健步前行，社会影响与效益日益扩展。2010 年 8 月 15 日，温州市少年儿童图书馆联合鹿城区教育局、鹿城社区学院创办的"毛毛虫上书房"阅读基地在少儿馆内举行了授牌仪式。鹿城区南浦街道文苑社区分校、蒲鞋市街道锦园社区分校、蒲鞋市街道东岗社区分校、上新田园社区分校、教场社区分校等五家社区设立的"毛毛虫上书房"基地，主要面向 3～12 岁的少年儿童及其家长提供阅读服务，图书馆的馆员、市一幼、广场路小学专业老师和 40 多位"蝴蝶爸妈"志愿者担任阅读指导教师。基地每周组织一次阅读沙龙，老师和家长们会根据孩子的年龄段来选择读物。这样，孩子们在自己家门口就可以参加丰富多彩的阅读活动了。[2]

---

① 沙新蕾、潘芳. 毛毛虫上书房——一个亲子阅读博客的 600 多天[J]. 图书馆研究与工作，2010(1)：51—56.

② http://www.dzwww.com/rollnews/news/201008/t20100816_6558737.htm.

【分析点评】

在少儿阅读中，家长的教育与参与具有非常积极的重要作用。可以说，"毛毛虫上书房"阅读基地的成功，也给这一观点做了很好的印证。温州少图与热心的家长，通过良好的沟通交流，充分发挥了家长的作用，共同推进少儿阅读进程。这也正是图书馆做少儿阅读的核心理念——最终回归到让家长自己去身体力行，从而带动整个社会对少儿阅读的重视。

读书是一件快乐的事，一本好书能让孩子从中汲取知识，发现灵感，寻找梦想。孩子的书香童年需要我们每个人的倾力而为，儿童阅读公益推广事业也需要在图书馆人及社会热心人的推动下前行。良好的信息沟通平台、热心的儿童阅读推广人士，不仅为"毛毛虫上书房"，也为全国少儿的阅读发展插上了强劲的翅膀，相信会有更多的"毛毛虫"化蛹成蝶，由书香带来美丽的蜕变！

【资料来源】

1. "毛毛虫上书房"博客，http://blog.sina.com.cn/mmcssf.
2. 沙新蕾. 温州少儿馆：少儿阅读与家长教育. 图书馆服务案例研究[C]. 上海：上海社会科学院出版社，2011：52—56.

第八章　残疾人服务

　　据统计，目前全世界共有残疾人 6.5 亿人，约占世界总人口的 10%。据 2006 年中国第二次全国残疾人抽样调查数据显示，截至 2006 年 4 月 1 日，中国各类残疾人总数为 8 296 万人，占全国人口总数的比例为 6.34%。与正常人群相比，残疾人在获取信息方面更需要图书馆提供服务。

　　目前，我国各省市约有 30～40 个省市级公共图书馆建立了残疾人阅览室并提供服务。但无论在广度上还是在深度上，该项服务都存在着较大的地域差异。经济发达地区重视程度较高，资金设施配备到位，形成了颇有特色的残疾人服务；而欠发达地区因受资源所限而少有开展这项服务。如何因地制宜，践行"公共图书馆服务宣言"，为残疾人打开生命中的另一扇窗，让知识的阳光普照这个特殊群体，是图书馆工作者必须面对的一个问题。本章选取了残疾人数字图书馆、盲人看电影、盲人电脑培训、盲文分馆、无障碍服务五个案例，以期给予启迪。

一、超越障碍——中国残疾人数字图书馆服务

　　坐在国家图书馆新馆宽敞明亮的电子阅览区，小余轻点了一下鼠标，面前的电脑桌面上随即弹出了自己要找的小说。他是轻微的弱视患者，不过在这里，阅读并不成为问题，他可以用软件放大字号，如果看累了，还可以让电脑读给自己听。

　　"轻轻的点击着键盘，清晰的语音导读立刻让我喜欢上了这里，我寻找着渴望已久的图书，我倾听着一曲曲动听的旋律，我

阅读到一份难以言语的快乐，畅游在数字图书馆带给我的快乐中……"这是深圳图书馆举办的"阅读点亮世界"征文比赛时，视障读者发自肺腑的感言。

让小余等视障读者不再遭遇阅读障碍的就是"中国残疾人数字图书馆"网站。在这里，清晰的语音导读带领视障人群走进广阔的知识世界，"听书"、"听讲座"变得相当方便。它像一盏明灯，点亮残障人士的生活；它像一叶小舟，引领残障人士在知识的海洋中遨游，超越肢体的障碍，享受无差别的文化服务。

国内图书馆界大规模关注残疾人的数字图书馆服务始于 2000 年，起步阶段主要是介绍国际图书馆界残疾人数字服务现状及对我国实施残疾人数字图书馆的理性思考。得益于研究的推动，各地逐渐涌现出一批由残疾人联合会或图书馆创建的残疾人数字图书馆，但大多缺少成体系、成规模且为残疾人喜闻乐见的数字资源，应用和推广非常受限。

2008 年 10 月，国家图书馆联合中国残疾人联合会信息中心、中国盲文出版社共同建成了中国盲人数字图书馆（China Digital Library for Visual Hpailmem）。2010 年 4 月在"中国盲人数字图书馆"的基础上，特别增选了中文图书数据库、中外文期刊数据库、文津图书获奖图书等内容，建设开通了"中国残疾人数字图书馆"。"中国残疾人数字图书馆"以为残障群体提供服务为宗旨，本着公益性服务、信息读取无障碍、资源特色化及共建共享的原则，创建了一个开放、平等的信息知识交流平台，是国内首个国家级为残障群体服务的数字图书馆。截至 2011 年 12 月 31 日，中国盲人数字图书馆网站已有来自 101 个国家和地区的用户使用，总点击数达到 52 991 517 次，总访问者数达到 1 242 818 次，总访问次数 1 757 769 次。中国残疾人数字图书馆网站总点击数 852 100 次，总访问者数 15 052 次，总访问次数 18 038 次。

中国残疾人数字图书馆的服务内容主要涵盖九个方面。①新闻动态：及时更新关于盲人、残疾人及图书馆的各种新闻动态；②电子图书：提供国家图书馆多年馆藏图书资源精选，通过读屏软件供盲人朋友免费收听；③音乐欣赏：在馆藏资源中选取经典曲目提供免费收听；④在线讲座：精选国家图书馆历年讲座视频，并加配字幕，方便视障读者和听障读者收听或收看；⑤最新公告：介绍与残疾人相关的各种活动和其他最新信息，介绍网站栏目内容最新更新情况；⑥读者指南：提供国家图书馆开闭馆时间、具体位置、乘车路线以及残疾人阅览室等信息，满足残疾人到馆信息查询的需求；⑦新书速递：推介国内外最新出版图书，指导残障读者的读书行为，倡导"好读书，读好书"的文化氛围；⑧网上读者会：以阅读点亮人生为宗旨，以好书推荐、网上征文为特色，提供学习、交流和提高的平台；⑨少儿天地：为残障儿童提供了丰富的阅读学习课堂。

在服务资源选择时，为避免需求与服务的脱节，中国残疾人数字图书馆深入残疾人服务机构和公共图书馆进行调研，根据残疾人的阅读需求，选取了中国古代典籍、医药卫生、经济历史等内容的现代书；在讲座资源方面也从国家图书馆的文津讲坛遴选出内容丰富、满足需求的视频讲座。

在保护知识版权上，利用必要技术手段研发残疾人登录系统，严格限制浏览者身份，保护著作者的权益，避免版权纠纷，使网站发布的资源为残疾人读者所专供，其他普通读者无权使用，从而把对所涉作品相关权利人利益的影响降至最低。

在国际图书馆界，残疾人数字图书馆的研究早在 20 世纪 80 年代就得到相当程度的关注。国际图书馆协会和机构联合会于 1983 年成立了盲人图书馆联合分会。美国国会图书馆盲人与残疾人图书馆服务部于 1999 年开始用网页点字系统通过互联网为盲人用户服务。加拿大国家盲人协会图书馆于 1998 年开始计划将全部馆藏数字化，创建盲人数字网络门户，2002 年又协同微软构建世界上第一个专为盲人和视力受损儿童建立的网络门户——集成数字图书馆系统(Integrated Digital Library System)。在这个网络门户建设之前，占加拿大人口 10％的盲人和视力受损者只能阅读占全部出版物 3％的盲文文献，而现在盲人和视力受损者可以获取与其他人同样的信息。韩国、巴拉圭等国家也相继建设开通了盲人数字图书馆，利用先进的网络和计算机技术为视障人群提供资源与服务。

【分析点评】

中国残疾人数字图书馆服务从残疾人文化需求出发，提供了一个开放、平等、无障碍的信息知识空间，为残疾人士创造了超越肢体障碍、共享文化服务的信息交流平台，拓宽了公共图书馆为残疾人服务的渠道和空间，彰显了公共图书馆的服务理念和社会使命，开启了信息时代公共图书馆为残疾人服务的新篇章。

中国残疾人数字图书馆服务依托国家图书馆浩瀚的文献资源，借鉴中国残疾人联合会无障碍建设经验，借力中国盲文出版社的宣传推广，探索了一条优势互补的行业交叉合作服务模式，保障了服务的有效性和持续性。期冀中国残疾人数字图书馆服务能进一步发挥示范效应，整合为残疾人服务的网络资源，共同探索开发残疾人的阅读领域，为残疾人数字阅读开创广阔的未来。

【资料来源】

1. 张炜，李春明. 积极推进信息无障碍建设 人人共享公共文化服务——中国盲人数字图书馆网站介绍[J]. 图书馆建设，2009(9)：65－67.

2. 李春明，陈力，张炜. 中国残疾人数字图书馆建设展望[J]. 图书馆建设，2010(11)：16—18.

3. 中国盲人数字图书馆网站，http：//www. cdlvi. cn/.

4. 第三届文化部科技创新奖项目：中国盲人数字图书馆 [J/OL]. http：//www. mcprc. gov. cn. 2010-05-03.

二、盲人，也可以看电影——上海图书馆残疾人阅读资源开发

"我特别喜欢图图，他的声音很好听，做的事情也很可爱搞笑。"上海盲校四年级的一位同学红扑扑的脸上写满了兴奋。尽管患有先天性全盲，但她却非常自信开朗地说："今天看到《大耳朵图图》的电影就是一种幸福，通过听解说词简直有一种身临其境的感觉。"正是无障碍电影《大耳朵图图》带给了盲童快乐的时光。

能像普通人一样"观看电影、欣赏电影艺术"，一直以来是视听残障人士的梦。2009 年 4 月，在上海图书馆、上海市残联、上海电影评论学会联合成立的"无障碍电影工作室"的精心组织实施下，"无障碍电影"成功制作并发行，从而结束了视听残障人士无法"观看"电影的历史。

"无障碍电影"是专门方便残障人士观看的经过加工过的电影节目，分为专供视障人士和专供听障人士使用的两个版本。一个版本通过重新剪辑增补大量配音解说的方式，使视障人士完全了解整部电影的内容，享受电影艺术乐趣；另一个版本通过增配字幕方式，使听障人士无障碍地欣赏电影。它为视听残障人士提供了"看电影的盲道"，使他们能同中外优秀影片进行亲密接触。

其实，早在 2002 年，上海图书馆就建立了视障服务体系，开设了专门的阅览区，并联合上海市残联和上海市邮政局，共同推进实施了"视障读者免费邮寄外借服务"，这也是在全国公共图书

馆率先推出的为视障读者送书上门的创新服务。随着服务的不断扩大，文献资源短缺制约着服务的深入开展。2009 年上海图书馆积极寻找各种途径，开发可利用资源，拓展残疾人阅读领域。其一是通过采购文献和自制文献相结合，自制有声读物 1 700 盒，有声目录 2 000 盒，并借助上海图书馆丰富的馆藏资源，精心为视障读者挑选了《交响诗的艺术魅力》、《轻松读历史，快乐品文化》、《玄奘与时代》等 100 部优秀讲座，制成有声读物，配送到各图书馆提供借阅。其二是开发利用电子资源，推出了"阳光听书郎"免费外借服务。"阳光听书郎"是一款支持朗读、MP3/wma 播放的多功能便携式阅读硬件终端设备，体积如一部普通大小的直板手机，携带方便，存储内容超过 2 000 种书籍，并设有独特的盲文触感按钮，操作指南全程语音导航。"阳光听书郎"听书阅读器的推出，不仅丰富了视障读者的阅读资源，更满足了视障读者的阅读渴求，不管身在何处，可以随时随地享受阅读的快乐，实现随身移动阅读。

但上海图书馆还不仅仅满足于此。2009 年 4 月，为更加丰富残障人士的精神生活，上海图书馆与上海市残联、中国电影上海电影评论协会发挥各自专业优势，联合开发"无障碍电影"，共同致力于寻找为残障人士提供读书、学习、娱乐的有效途径。"无障碍电影"项目的资金一部分来自三家单位的专项资金，另一部分来自申请上海市的公益基金和国家出版基金。三家单位的分工为：上海市残疾人联合会负责项目的监管与协调，负责系统内资源的配送和服务；上海图书馆负责上海市范围内总馆和 23 家分馆的资源配送和提供借阅；上海电影评论协会负责选片、制作、发行。

随着项目的深入和推广，2010 年 5 月无障碍电影频道在上海开播。已安装无障碍电影频道的残疾人家庭，只需用遥控器在主界面按 5、1、3 这三个数字，就能快速便捷地进入无障碍电影专区，输入残疾人的身份证号码后就能免费欣赏为残疾人特制的无障碍影片，真正实现了足不出户就能"看电影"的梦。

目前，无障碍电影已经作为国家新闻出版总署"十二五"骨干出版工程，并作为政府推出的丰富残障人士文化娱乐生活的公益事业在全国推广。无障碍电影音像制品也通过全国各地图书馆、各级残疾人机构、音像出版单位向全国范围推广应用。

【分析点评】

为满足残障读者的阅读需求，丰富其精神生活，实现平等享受文化的权利，上海图书馆从基础服务起步，与时俱进，不断求新，开发残疾人可阅读资源，出版无障碍电影，在开展残障读者服务内容和服务手段上常有突破性的发展，取得了良好社会效果。这一案例告诉我们，公共图书馆的残障读者服务更需要用心沟通，关注实际需求，充分发挥社会资源优势，持之以恒，才能真正帮助残障人士，给他们的生活带去温暖和阳光，体现公共图书馆普遍均等的理念。

【资料来源】

1. "中国无障碍电影项目"启动 残障人士也可"观看"电影[DB/OL]. [2011-05-28]. http://news. xinhuanet. com/.

2. 视障读者的口袋图书馆——上海图书馆推出听书阅读器外借服务[BB/OL]. [2009-05-12]. http://kbs. cnki. net/forums/.

3. 无障碍动画电影《大耳朵图图》首映[DB/OL]. [2009-05-14]. http://comic. qq. com/a/20090514/000015. htm.

三、心灵相通，与键同行——浦东图书馆盲人电脑培训

失去视力，世界堕入黑暗，对所有正常人来说都是致命的打击。30多岁的徐某深谙其中的痛苦。当他大学快毕业时，突如其

来的视神经萎缩让他的视力突然降至 0.1 以下，无奈退学后，他把自己锁在家中，一待就是五六年。

如今，徐某脱胎换骨，成了上海浦东区盲人协会的专职干事，写报告、发邮件，哪样工作都少不了他。每周还有两天，他会雷打不动地为视障者们上课，教他们怎么靠听觉和触觉使用电脑。徐某说，现在的生活很充实，很快乐，而这些都要归功于 7 年前参加的上海浦东图书馆盲人电脑培训班，为他阴郁的生活注入了绚丽阳光。

2002 年，浦东图书馆、浦东新区盲人协会接受中华基督教青年会全国协会申请的世界银行援助资金，设立残疾人服务专项资金，聘请培训老师，提供计算机和网络设备，在盲人阅览室开办了第一、二期盲人电脑培训班。培训班主要教授盲人汉字录入、文字编辑、收发电子邮件、网络浏览、网络聊天、播放音频文件、文件下载等信息检索技能，为盲人能像正常人一样在网络获取信息提供帮助。

由于视障人士的特殊性，盲人电脑培训的培训方式较特殊，只能采取一对一的培训方式。浦东图书馆从馆内抽调 2 名人员专职从事视障服务，并与市盲协合作，调配 1 名盲协工作人员兼职，3 名培训教师共同承担培训工作，保障培训的教学质量和持续开展。为保证教学效果，根据报名学员基本电脑测试水平分班，采用小班制、集中上课、个别辅导的教学形式，对个别未毕业的学员可转入下一期继续学习。每期培训班周期为三个月，通过考试后毕业。通过初期电脑培训后，学员初步掌握基本的电脑操作技能和网络应用能力，又通过建立 QQ 群，开通图书馆博客、微博等方式搭建起与学员的沟通平台，随时进行课外学习辅导，心理辅导，实施教学跟踪，达到稳固学习的目的。经过三个多月电脑培训班的学习，学员们不仅学习了计算机和网络使用技能，且其心理和情绪产生明显的改善，与其他学员、培训老师和图书馆员相互信赖，结识成友，对图书馆产生强烈的依恋感。借此契机，浦东图书馆及时将结业学员吸纳为读书会成员，每月开展读书交流活动，提高他们听书读网、写作、朗诵等多方面的能力，他们也逐渐成为图书馆的忠实读者和参与电脑培训的志愿者。

截至 2011 年 12 月，浦东图书馆盲人电脑培训班已开办 32 期，300 余名学员顺利结业。浦东图书馆从开展盲人电脑培训起步，逐步拓展一系列的视障服务，2010 年荣获国际图联暨国际 Ulverscroft 基金会颁发的唯一团体大奖"最佳业务实践奖"。

盲人胡某在上海市首届大型朗诵艺术大赛"祖国啊，我亲爱的祖国"国庆专场演讲中激情地讲道，我们有幸参加了在浦东区图书馆举办的盲人无障碍电脑应用学习班，由此重新获得了读书、写字和学习的乐趣，因此"我要读贪婪地读，让知识弥补心灵的创伤；我要写拼命地写，写出胸中的激情波荡；我要唱纵情地唱，让激情在 MP3 上播放；我要追求不断地追求，让澎湃的生命永远拥抱阳光！"胡某的朗诵由衷表达了视障读者的心声。

【分析点评】

器官的残疾，是身痛；落伍于时代，是心痛。上海浦东图书馆秉承公共图书馆平等服务的理念，承担用户信息素养培养的职责，开展盲人电脑培训，为视障读者搭建融入时代的桥梁，插上网络遨游的翅膀，不仅给了他们一双与时俱进的"亮"眼睛，更是照亮了他们的心灵，甚至改变了他们的人生。上海浦东图书馆的这一举措诠释了图书馆服务的核心价值：不因任何原因，保障公民对知识的自由平等获取，是公共图书馆至高无上的使命。

【资料来源】

1. 浦东图书馆盲人电脑培训班 帮助视障者改变生活[DB/OL]. [2011-03-18]. http://cjrjob.cn/html/18/n-41518.html.

2. 浦东图书馆. http://www.pdlib.com/.

3. 浦东图书馆残疾人博客. http://blog.sina.com.cn/pdlib.

四、图书馆走进盲校——杭州图书馆合作建分馆送服务上门

浙江省盲校的一位盲人音乐教师，有一本中国盲文图书馆的借书证，一次性付押金 300 元，终生可以使用。他说："但是因为图书馆远在北京，书籍只能依靠邮政传递（盲文书籍免费邮寄），一本书的借阅时间最长不能超过三个月，但在路上的时间就要一个多月。"

《中国通史》、《上下五千年》，一位盲童也是通过中国盲文图书馆邮寄借阅读完的。酷爱历史的这位盲童，想读于丹的《论语心得》和易中天的《品三国》，但是要想找到这两本书，眼下看来是一件绝不可能的事。

杭州图书馆面对的一边是门庭冷落的盲人阅览室，一边是盲人读者渴望读书的尴尬境况。"如何让盲人读一样的书"，杭州图书馆在思考这个问题。2007 年 6 月，儿童节来临前，杭州图书馆在浙江省盲人学校挂牌成立盲文分馆，从此盲童们可以不出校门，就能方便地看到、借到自己喜欢的畅销书和有声读物了。这是盲童们收到的最好的节日礼物，也是教师们收到的最丰富的精神食粮。

浙江省盲人学校是浙江省盲人教育资源中心，肩负着面向全省视障人士进行各项技能培训，指导、帮助其终生发展的职责，共有师生 300 余名，其中视障学生 200 余名，是盲人学习、生活比较集中的场所。杭州图书馆正是在分析了视障群体的生理需求、心理需求、阅读需求和专业服务需求的基础上，综合考虑文献资源与教育资源取长补短的互补优势，才最终决定将盲文分馆设在浙江省盲人学校内，一方面有效利用了图书馆丰富的馆藏及设备；另一方面也充分发挥了盲校的专业教育水平，实现资源共享，从

而建成了全省的视障服务中心和盲人学校的阅读中心。

盲文分馆设在盲人学校教学楼一楼，进出方便，面积 200 平方米左右。根据盲人的阅读需求，配有纸质图书、视听资料、音像制品等不同载体的盲文图书 6 000 余册，另有 8 000 余册普通图书供老师教学使用；配置有视障人士专用电脑、盲文刻印机、盲文点显器、针对弱视人员用的放大器、低幼儿智能玩具等设备，以满足不同年龄、不同层次读者的文化活动需求；在借书证的设计上，考虑视障读者的特殊需求，表面加注盲文；对所有盲文图书进行了分类编目，编印可触摸的盲文目录，建成盲文书目数据库，作为杭州图书馆书目数据资源库的一部分，保证读者随时随地可以通过网络检索到这些图书；免费为全校师生办理可在杭州地区所有公共图书馆使用的通用借书证，实现通借通还。

盲文分馆配有 3 名专职工作人员，其中由杭州图书馆选派一名责任心强、经验丰富的业务骨干常驻盲文图书馆，对其他工作人员进行专业辅导，指导开展读者服务工作。盲校也经常派专业教师对图书馆人员进行盲文知识和特殊服务技能知识辅导。

把学生的阅读课搬到图书馆，是盲文分馆的特色服务之一。根据阅读群体的年龄特点提供专题图书推荐，针对学生们喜欢在阅览室内探讨文学、摘录文摘的情况，特设了"学习交流课"，进一步激发他们的阅读热情；与学校任课老师保持联系，及时了解课程进度，结合课程需要，有计划地挑选相关图书进行阅读指导，加深学生对课文的理解，扩大阅读范围，丰富学习内容；图书馆工作人员还定期开展图书馆知识讲座，培养读者的信息素质。

【分析点评】

"与其把盲文图书放在馆里，不如将它们放在最需要的人当中去。"杭州图书馆馆长如是说。这与印度图书馆大师阮冈纳赞提出的图书馆学五定律:"书是为了用的,每个读者用其书,每本书有其读者,节省读者的时间,图书馆是一个生长着的有机体"如此契合!

杭州盲文分馆的创建以图书馆理论为基础,从分析残障读者服务的特殊性和实际需求出发,将社会资源和自身优势有机结合,在办馆模式和服务方式上进行了创新性尝试,取得了良好的社会效益。因此,才有了盲校图书分馆这样感人的一幕:盲童们一个牵着一个走进图书馆,在工作人员的悉心帮助下,安静、舒适地阅读着……

【资料来源】

1. 朱峻薇,为盲人读者搭建信息交流的无障碍平台——以杭州图书馆盲文分馆的建设为例[J]. 图书馆建设. 2008(11):14-16.

2. 浙江省杭州图书馆盲文分馆读者络绎不绝[DB/OL].[2008-05-26]. http://www.qhqmx.com.cn/news.html.

3. 让盲人读"一样的书"杭州图书馆盲文分馆成立[DB/OL].[2007-06-26]. http://www.zjol.com.cn.

五、遨游书海、残而无障——日本大阪府立中央图书馆无障碍服务

日本大阪府立中央图书馆是大阪市教育、文化中心,是自治区中规模最大的图书馆,其开展的残障读者服务最早起源于 1974年,至今已有 30 多年的历史。

大阪府立中央图书馆 1996 年新馆建设时期,就优先将"设施无障碍"作为新馆设计、规划的一项重要内容。从地铁车站出口至图书馆的道路两侧,都铺设了盲道;在图书馆东西人行道上设置

了声音信号；图书馆的出入口都设有无障碍坡道；设立残障读者专用停车场；图书馆的室外盲道一直延伸至服务大厅；图书馆馆舍楼层平面图增设了点字说明；图书馆内的电梯，设有低位操作板，并配有点字按钮、语音提示；阅览室内设有轮椅阅览席；设立残障读者专用卫生间，并配备安全扶手和紧急呼叫器；配备了对面朗读室、录音室；图书馆报告厅内有特定的位置供轮椅停放，并配置了导听系统以协助戴助听器的听障者使用。

"设备无障碍"是图书馆规划的另一个重要内容。为残障读者提供的辅助设备，同样做得非常细致、周到。配备有弱视者使用的扩大读书器、大字体指南；聋哑人用的电话机；盲人用的盲文印刷机；可译盲文微机系统、盲人用读书机、盲人用微机系统；盲文打字机、录音机、复读机等各类设备。

"设施无障碍"和"设备无障碍"为残障读者利用图书馆，获取"信息无障碍"提供了基本保障和前提条件。大阪府立中央图书馆开展的特色残障读者服务包括以下内容。

1. 对面朗读服务

这是对于不能正常利用常规图书馆文献的视障读者提供的一种有效的服务方式。该项服务的内容是由图书馆提供人员，一对一地为视障读者朗读图书资料。该项服务开始于1974年，当时由图书馆员担任朗读者。1996年新馆建成后，服务工作在服务空间、服务设施和服务方式上都有了新的拓展。设立了7间对面朗读室和1间录音室，开放时间与图书馆开放时间一样，招募到朗读志愿者，朗读人员每天两小时轮流上班，有4名专职人员，其余为有酬的志愿者。需要的读者需提前两天进行预约，每人每天最多使用两次，每次为2小时。如果利用者当天因为特殊情况不能来馆，图书馆会将志愿者朗读的文章进行录音，并通过邮递方式邮给利用者。该服务所用的资料不只仅限于图书馆藏书，由读者本人带来的朗读资料也可以。对面朗读服务使视障读者读书和获取信息变得更为快捷。

2. 传真邮件服务

传真邮件服务的对象是聋哑人读者。像预约、咨询这一类平常利用电话联络的活动，由于读者的身体原因，而改由通过传真邮件这一方式来进行。

3. 计算机服务

对于视障读者开展的计算机服务始于 2000 年 5 月，其目的是为了进一步深化残障读者服务，同时也是将新技术应用于残障读者服务的一种新的服务方式。目前，已经开展的服务方式包括计算机画面的音声化、画面的点字化、画面的扩大化三种。服务内容包括：通过 OCR 进行活字读书，HOMEPAGE 的阅览和检索；利用计算机通信和 CD-ROM 进行馆内藏书检索；图书馆所藏电子图书和 CD-ROM 的利用；点字翻译软件的利用；其他视觉残疾者软件的利用。特别受视障读者欢迎的是 HOMEPAGE 的阅览和检索，以及利用计算机通信和 CD-ROM 进行馆内藏书检索的服务。利用点字计算机查阅 HOMEPAGE 的信息，可以直接实现信息的音声化。

4. 残疾儿童文库服务

为视障儿童和智障儿童特制可触图画书和布艺图画书，并提供借阅。可触图画书专为视障儿童制作，图书的绘画部分使用布、树脂材料、羽毛、毛线、壁纸、塑料、黏土等材料制作，在空白处附以大字体的文字说明，文字上贴有打印了盲文的透明纸，可以使他们通过手的触摸了解事物。布艺图画书是为肢体残疾儿童和智障儿童制作的。整本图书全部由布制成，由于布的柔软、温暖的特性，使孩子们易于接受这种阅读方式。对于残疾的儿童来说，他们很少有机会和正常孩子交流嬉戏，更多的时间是独自度过的，因此，特制图书为残疾儿童提供了与正常儿童一起阅读、交流的机会。

日本保障残疾人权益的相关法律体系比较健全，全社会已形成了良好的关爱残疾人的风尚。日本公共图书馆开展的残障读者服务起步较早，为残疾人创造了开放、平等的信息服务平台。

【分析点评】

日本大阪府立中央图书馆开展的无障碍读者服务，围绕残障读者的阅读和沟通需求展开，从无障碍设施建设、无障碍环境营造、服务手段多样化、服务对象多层次化等方面都富有特色，处处体现用心、细致的人文关怀，创造了遨游书海、残而无障的阅读学习环境，对我国公共图书馆开展残疾人服务具有积极的借鉴作用。

【资料来源】

1. 王筱雯. 日本公共图书馆为残障读者服务的思考——从大阪府立中央图书馆的残障读者服务谈起[J]. 图书馆学刊，2002(2)：62—64.

2. 孙卫星. 日本大阪府立中央图书馆的对面朗读服务. 图书馆杂志，2003(6)：72.

3. 陈枝清，胡文华. 日本大学图书馆为残障读者服务的发展历程与现状[J]. 图书馆建设，2011(5)：63—66.

第九章　读者服务中的知识产权

知识产权保护与知识信息传播，永远是一对矛盾。知识产权的保护，就意味着知识信息传播在某种程度上的受限；知识信息的传播，同样意味着知识产权保护在某种程度的受限。法律扮演的角色，就是在保护知识产权与促进知识传播之间达成一种平衡。公共图书馆作为法人或者一个负责任的机构，尊重知识产权是其应尽的法律义务。但我们同时也必须清醒地认识到图书馆在传承文明、传播知识方面的机构属性和行业特点，在某种程度上还承担着读者利益代言人的职责与身份。因此，职业图书馆人关于知识产权的价值判断和立场选择应当是既要保护知识产权，又要促进合理使用文献。本章从购买资源时需注重版权条款、复制与打印是否侵权、深度链接与一般链接等角度摘取了读者服务过程中几个具有代表性的案例，以飨读者。

一、购买数字资源，版权条款不可缺——樊某诉上海图书馆等侵犯著作权纠纷案

樊某是《电力牵引对地下管道的电解危害性及预防措施》等 21 篇文章的作者。2005 年他向上海市第一中级人民法院提起诉讼，告清华同方光盘股份有限公司、中国学术期刊(光盘版)电子杂志社、清华同方知网(北京)技术有限公司、上海图书馆等侵犯其文章的著作权。经过上海第一中院的一审判决、上海高院的终审判决，认定清华大学、清华同方光盘股份有限公司、中国学术期刊(光盘版)电子杂志社、清华同方知网(北京)技术有限公司有侵权行为，立即停止对樊某享有著作权的《城市轨道交通的牵引变电

所》、《美国轻轨供电系统》、《美国轻轨系统新型牵引变电所》的侵害，并赔偿樊某经济损失人民币 6 000 元和为制止侵权行为所支付的合理费用人民币 4 200 元；上海图书馆未侵犯其著作权，不承担民事责任。

本案主要争议焦点为：(1)清华同方公司、电子期刊杂志社、知网公司、清华大学未经樊某的许可，将樊某享有著作权的已发表在各期刊上的 21 篇文章编入中国期刊全文数据库，将这些数字化信息上传至中国知网网站并复制到光盘版数据库中，供公众检索和有偿阅览下载的行为，是否属于著作权法规定的报刊转载法定许可；(2)除在中国知网上外，电子期刊杂志社等是否在《中国学术期刊(光盘版)》和相关光盘版数据库中收录使用了樊某享有著作权的 21 篇文章，从而应支付相关著作权使用费；(3)向樊某支付 3 400 元赔偿额是否合理。

法院经审定，认为清华同方公司、电子期刊杂志社、知网公司、清华大学未经作者许可，将樊某已发表在各期刊上的《电车触线网的事故》等 18 篇文章收编入中国知网和光盘版数据库中使用，符合报刊转载法定许可的规定，未侵犯樊某的复制权、发行权和信息网络传播权。电子期刊与传统纸质期刊相比虽然介质、载体不同，但其本质上仍属于期刊，故可以适用报刊转载法定许可的规定，但应支付相应的著作权使用费。

由于樊某的《城市轨道交通的牵引变电所》等 3 篇文章系原刊登于图书《地铁与轻轨》(论文集)而非报刊上，不能适用上述报刊转载法定许可的规定，故仅对该 3 篇文章而言，电子期刊杂志社等的行为构成对樊某著作权中的复制权、发行权、信息网络传播权的侵犯，依法应承担相应的民事责任。

法院认为，清华同方公司、电子期刊杂志社、知网公司、清华大学除在中国知网上传使用外，也在包括《中国学术期刊(光盘版)》在内的相关光盘数据库中收录使用了樊某享有著作权的 18 篇文章，均应支付相关著作权使用费。

上海图书馆作为镜像用户，2002 年 6 月与清华同方公司签订了《CNKI 数据库定置合同》、《补充及售后服务条款》、《合同备忘录》，与清华同方公司、电子期刊杂志社签订了《CNKI 数据库版权协议》，写明订购的 CNKI 数据库(包括学术期刊全文数据库)分现刊数据与过刊数据，并获得了相应的光盘版数据库。鉴于被告上海图书馆并非"中国知网"的分站而是 CNKI 数据库的用户，仅在上海图书馆网络学习室为读者提供连线登录浏览的服务，且属于公益性使用，符合图书馆为读者提供数字资源服务的常规，法院判定上海图书馆未侵犯原告的著作权，不承担任何民事责任。

【分析点评】

本案经过一审、终审，历时近两年，上海图书馆尽管通过合法的途径成为清华同方知网数字资源的用户，从某种意义上说，也是清华同方侵权的受害者，其因在读者服务中提供了有侵权内容的资源，也被列为连带被告。好在上海图书馆在购买之初就做足了版权功课，在服务中亦严格遵守相关法规，故从一审到终审，上海图书馆一路都有惊无险，不承担任何民事责任。这给我们两点启示：第一，公共图书馆的馆藏文献资源一定要通过合法的途径获得，并依法提供文献服务；第二，对版权不明确或可能有缺陷的文献资源，特别是数字资源，一定要与供应商就版权问题签订明确的协议，确保图书馆以此资源服务读者时不侵权、不违法，以保障图书馆的权益。

在网络日新月异、数字资源高速增长的今天，公民社会令组织机构的透明度进一步增加，维权意识空前高涨。作为社会公共服务品提供机构的公共图书馆，一不小心就有可能处在风口浪尖上。图书馆人确有必要在馆藏建设、读者服务以及内部管理上，较之以往更加强调依法办馆、依法服务，特别是在以往知识产权等易忽视的方面，更应步步为营、小心谨慎，版权条款不可或缺，避免为第三方的过错承担法律责任。

【资料来源】

http://www.110.com/panli/panli_77740.html.

二、图书馆提供复制与打印服务，会侵权吗——殷某诉金陵图书馆侵犯著作权纠纷案

殷某系《南京政治学院学报》2000年第3期发表的署名为"李某、殷某"的《人口生态探析》一文的作者，是金陵科技学院教师。2005年，其以金陵图书馆侵犯该作品的复制权、发行权、获得报酬权为由，向南京市中级人民法院提起诉讼，经一审判决及江苏省高级人民法院的终审判决，认为殷某起诉理由缺乏事实和法律依据，金陵图书馆读者服务行为不构成侵权，驳回了原告的诉讼请求。

殷某与金陵图书馆侵犯著作权纠纷案争议的焦点为：(1)金陵图书馆收藏含有《人口生态探析》一文的数据库产品是否侵犯了殷某对该作品享有的复制权；(2)金陵图书馆向读者提供数据库产品中《人口生态探析》一文的查询、打印服务是否侵犯了殷某对该作品享有的发行权和获取报酬权。

法院审理后认为，第一，金陵图书馆订购含有《人口生态探析》一文的数据库产品时已尽到合理的注意义务，其收藏该数据库产品没有过错。理由是：金陵图书馆作为向社会公众提供其馆藏资料借阅服务的公益性机构，其基本职能就是搜集、收藏尽可能

多而全面的文献资料供社会公众借阅。而图书馆在搜集资料过程中所应尽的义务就是审查其购买的资料是否为合法出版物。本案中，《中国学术期刊（光盘版）》及其数据库是经国家批准的依法公开发行的合法电子刊物，金陵图书馆通过签订合同并支付对价的方式取得该数据库产品，已经尽到合理的注意义务。至于该数据库产品中是否存在侵犯他人著作权的情形，金陵图书馆对此没有审查义务。

第二，金陵图书馆订购的涉案数据库产品中含有《人口生态探析》一文是由于李某、南京政治学院学报编辑部以及中国期刊杂志社和清华同方公司在先的侵权行为所致，不是金陵图书馆的责任。金陵图书馆在不知情且已尽到合理注意义务的情况下，通过合法渠道订购并收藏该数据库产品的行为，亦不构成对殷某就该作品享有的复制权的侵犯。

第三，金陵图书馆应读者要求，向读者提供《人口生态探析》一文的查询、打印服务并未侵犯殷某就该文享有的发行权和获取报酬权。理由是：根据我国著作权法的规定，发行是指以出售或者赠予的方式向公众提供作品的原件或复制件的行为。本案中，虽然从形式上看，打印行为是由金陵图书馆的工作人员进行操作的，但因该打印行为是应作为读者的殷某之要求进行的，且金陵图书馆收取的只是打印费，因此该行为实质上是金陵图书馆为读者借阅活动提供的便利服务，并收取相应服务费的行为，不属于著作权法意义上的发行行为，亦不构成对殷某对该文享有的发行权的侵犯。金陵图书馆的行为既然不侵犯殷某的发行权，亦谈不上对其获取报酬权的侵犯。

第四，金陵图书馆对其订购和收藏的涉案数据库产品中含有侵犯他人著作权的作品没有过错，其在获知该数据库产品中收录的《人口生态探析》一文侵犯了殷某的著作权，且殷某要求停止该文的复制和传播时，也立即停止向读者提供《人口生态探析》一文的查询和打印服务。鉴于金陵图书馆原收藏的含有该文的数据库光盘已被收回并销毁，其客观上已不可能再通过数据库光盘向读者提供《人口生态探析》一文的查询、打印服务，故本案中再判决金陵图书馆停止向读者提供该文的查询、打印服务已无必要。一审法院判决驳回殷某要求金陵图书馆停止复制、传播《人口生态探析》一文的诉讼请求并无不当。

江苏省高级人民法院最后认定，殷某要求确认金陵图书馆相关行为侵犯其涉案作品复制权、发行权、获得报酬权的上诉请求依法不能成立，金陵图书馆无须承担责任。

【分析点评】

图书馆存在的理由是为了服务，提供快捷、便利的读者服务是图书馆不懈追求的目标。在法定的范围内做正常的读者服务，不会侵犯馆藏资源作品的著作权。公平正义的法律是我们强大的后盾，这是本案给予我们最大的启示。从以往在图书馆阅览室的摘抄，到当今为读者提供打印、复印文献乃至文献传递服务，本身就是图书馆读者服务与时俱进的表现。江苏省高级人民法院对本案的终审判决也充分肯定了这一点，法律保护正常的读者服务中作者（出版者）、图书馆以及读者这三方的正常权益。

正如上文所述，本案真正的侵权"是由于李某、南京政治学院学报编辑部以及中国期刊杂志社和清华同方公司在先的侵权行为所致，不是金陵图书馆的责任"。因此，金陵图书馆的"被官司"，实属法制社会进程中的一个小插曲，权作图书馆界为普法做出的贡献。法院的判决也消除了百姓对图书馆复印、打印服务是侵犯作者著作权的误解、误会，有利于图书馆更好地服务读者。

【资料来源】

http://www.110.com/panli/panli_17960.html.

三、深度链接与一般链接——肇庆数字文化网著作权纠纷案

肇庆数字文化网是肇庆市实施全国文化信息资源共享工程的窗口平台，2007年3月经肇庆市政府批准，并通过市科技立项，由市文广新局主办、市图书馆承办肇庆数字文化网。该网运用现代信息技术，开展各项公益文化服务。2009年2月，该网试用北京梦之窗数码科技有限公司开发的"马克斯"程序建立旗下二级网站"肇庆数字影院"。

2010年1月，北京优朋普乐科技有限公司、网乐互联（北京）科技有限公司、乐视网信息技术（北京）股份有限公司三家公司以肇庆数字文化网"肇庆数字影院"的《神枪手》等6部影视资源链接侵犯其著作权为由，起诉肇庆市文广新局及市图书馆，索赔24万元人民币及承担相应的诉讼费和案件开支费。该案经肇庆市中级法院一审判决、广东省高级人民法院二审判决，两级法院均以三家原告起诉请求缺乏事实和法律依据为由，驳回了三家公司的诉讼请求。

2011年5月，三家公司中的北京优朋普乐科技有限公司，单方面向最高人民法院申请再审。最高人民法院认为，根据一审、二审法院查明的事实，肇庆市文广新局、肇庆市图书馆开办的肇庆数字文化网数字影院所播放的涉案影片并未存储在该网站的服务器上，肇庆市文广新局、肇庆市图书馆向用户提供的是相关链接服务，裁定驳回北京优朋普乐科技有限公司的再审请求。

本案争端的焦点有三个：第一，肇庆数字文化网的行为是否仅为提供链接服务而没有提供上传下载服务及其行为是否构成侵

权。事实上，肇庆数字影院网是一个开放的不收取读者任何费用的公益性网站，无任何商业性广告，仅提供外部视频链接服务，并清晰注明所链接影视作品的来源，且受控于视频数据来源方；不为视频数据提供储存空间及上传下载服务（整个网站空间容量为472兆，而一部90分钟RMVB格式的电影视频容量一般约为500兆）；网站后台管理程序自动搜索、采集、添加、发布互联网上开放性外部视频资源链接；所有网页上均标有醒目的反侵权声明："本站资源均来源于网络，仅供学习参考，如果觉得本站内容侵犯了你的权益，请立即联系本站站长（QQ：1022……），我们将于24小时内删除。"法院依据事实判定：网站方所提交的经公证的证据证明了"马克斯"具有自动搜索、采集第三方网络视频文件的链接地址功能，本身并不提供上传下载服务，网站分类是"马克斯"自带的分类，网站方主观上无侵权的故意。

第二，适用法律争议。优朋普乐公司认为肇庆方未举证证明提供链接的情况下，主张该案应当适用《中华人民共和国著作权法》第47条和第48条的规定。肇庆方认为，其一审、二审提供的肇庆市震东公证处出具的"公证书"，已充分证明肇庆方网站提供的仅是链接服务，适用《信息网络传播权保护条例》第14条和第23条的规定。法院判定：涉案网站仅是为服务对象提供链接服务，且在接到本案开庭传票后即断开了相关链接，不构成侵权，更无须承担责任。

第三，"明知与无明知"争议。虽然原告、被告双方对此各执一词，但法院认为：由于互联网上网站之间具有互联性、开放性，网站的信息庞杂巨大，要求链接服务提供者对所链接的信息是否存在权利上的瑕疵先行作出判断和筛选是不客观的，因为提供链接服务的行为本身不构成对他人著作权的侵害。同时网站方没收到任何形式警告，在收到本案开庭传票后立即中断了链接服务，做到了"无通知即无明知"、"无明知即无责任"。

　　无独有偶的是，重庆涪陵图书馆亦曾发生一起因提供链接服务而导致的知识产权案。该馆网站为了方便读者网上阅读，以导航方式链接了一些电子书，包括江西新余电信网站上侵权存放的两种北京三面向版权代理有限公司代理版权的图书。三面向公司认为涪陵图书馆在其网站上未经许可使用并传播了该作品，也未支付相应的报酬，遂向其发出《敦促立即支付狞皇武霸等作品许可使用费的通知》。涪陵图书馆于 2007 年 4 月 24 日收到该函件后，立即与三面向公司取得了联系，表明其仅是提供目录链接并请公证处对其链接的图书阅读情况进行了公证。公证证明两书免费阅读次数均为 37 次，涪陵图书馆随即断开了链接。经重庆市高级人民法院认定，涪陵图书馆提供的不是"一般链接"而是"深度链接"，侵犯了权利人的信息网络传播权和获得报酬权。"深度链接"是指设链者将被链接对象的网址"埋"在自己的网站（网页）中，网络用户并不一定知道设链者网站（网页）同其他网站（网页）建立了链接。

【分析点评】

　　肇庆案自 2010 年 1 月至 2011 年 7 月，最终以肇庆方面胜诉而告终，从一审法院到二审法院，直至最高人民法院，历时 19 个月，在业界影响甚大。既有学者称之为"正义的裁决、公共图书馆的胜利、公益服务至高无上的范例"，也有媒体标之以"全国首宗公益性图书馆'数字文化网著作侵权案'胜诉"。2011 年 11 月召开的广东省图书馆学会年会上，即以此为案例，召开了一个数字图书馆著作权研讨会，可见其对公共图书馆数字服务有着重要的借鉴作用。

　　同样是链接服务，肇庆市数字文化网不用承担民事责任，而涪陵区图书馆却被定性为侵权，要求赔偿。所以"链"，还是"不链"，这不是关键的问题。关键在于如何链，链得有技巧，链而不侵权！肇庆市数字文化网的"巧"，一是巧在仅提供一般链接，即设链者在其网站或网页上直接显示一般链接的标志，网络用户能够清楚地知道设链者的网站或网页同其他网站或网页建立了链接，并且能够通过点击一般链接标志指令浏览器访问被链接对象；二是巧在不为视频数据提供储存空间及上传下载服务。涪陵区图书馆提供的却是深度链接，即绕过被链网站首页直接链接到分页的链接方式。当用户点击链接标志时，计算机就会自动绕过被链网站的首页，而跳到具体内容页。此时，如果具体内容页上没有任何被链网站的标志，那么用户可能会误以为还停留在设链网站内，会导致使用者对网站所有者的误判，容易引起侵权纠纷。

【资料来源】

1. 广东知识产权司法保护网. http://www.gdcourts.gov.cn/zscq/cpwc/zzqljc/t20101222_36363.htm.

2. 国家知识产权局. [2011-08-15]. http://www.sipo.gov.cn/mtjj/2011/201108/t20110804_614464.html.

3. 程焕文新浪博客. [2011-07-28]. http://blog.sina.com.cn/s/blog_4978019f0102dqwi.html.